超级掌控术

如何在人际交往中取得主导权

张熠阳 编

陕西师范大学出版总社

图书代号：SK18N1668

图书在版编目(CIP)数据

超级掌控术：如何在人际交往中取得主导权／张熠阳编．—西安：陕西师范大学出版总社有限公司，2018.11
ISBN 978-7-5695-0401-9

Ⅰ.①超… Ⅱ.①张… Ⅲ.①人际关系—通俗读物 Ⅳ.①C912.11-49

中国版本图书馆 CIP 数据核字(2018)第 259905 号

超级掌控术：如何在人际交往中取得主导权
CHAOJI ZHANGKONGSHU RUHE ZAI RENJI JIAOWANG ZHONG QUDE ZHUDAOQUAN
张熠阳　编

总 策 划	杨建峰
责任编辑	王　宏　宋犀堃
责任校对	王　宏　段国强
装帧设计	松　雪
出版发行	陕西师范大学出版总社
	（西安市长安南路199号　邮编710062）
网　　址	http://www.snupg.com
印　　刷	河北祥浩印刷有限公司
开　　本	880mm×1270mm　1/32
印　　张	8
字　　数	186千
版　　次	2018年11月第1版
印　　次	2018年11月第1次印刷
书　　号	ISBN 978-7-5695-0401-9
定　　价	29.80元

读者购书、书店添货或发现印装质量问题，请与本社营销部联系、调换。
电话:(029)85251157　传真:(029)85307636

前　言

在工作、恋爱、人际交往等日常生活中，你是否会有这样一种困惑：无法掌控局面，经常身不由己做着违背自己意愿的事。如，在与人交往时，你常常被别人牵着鼻子走；在工作中，经常成为替罪羊或办公室政治的牺牲品；在沟通时，你说的话常常达不到自己想要的结果；在求人办事时，想尽了办法也一无所获……

在现实中，霸道蛮横、自私自利、难以共处之人无处不在。他们或许就在你的朋友圈里，在你的办公室里，在紧张而激烈的谈判桌上，在觥筹交错的饭局中……

这些难缠的人使你的日常生活痛苦不堪，你费尽了心思，却还是无法掌控局面。疲于应付的你，为了缓解矛盾，只得采用你认为最简单的方法——妥协。但这种不情愿的妥协和退让又加深了你的痛苦，让你感到进退两难。

其实，与其焦头烂额去周旋，不如回归自我，从自己身上找原因，看看到底因为什么让自己失去了掌控权。

因为心志不够坚定，导致自己总是退让？是缺乏说话技巧，让自己每次在沟通中总是处于被动？还是因为不够灵活，呆板的处事方式让自己步履维艰？

找到了原因之后，你需要做的，就是重新塑造一个强大的自己。

你可以修炼一颗强大的内心，让自己更自信、更积极、更主动。

你可以有意识地训练自己的说话技巧，会赞美、会拒绝、会说服……

你可以让自己做事更灵活，有进有退，张弛自如。

你可以让自己多点戒心和谨慎，真诚而不轻信，坦率而不盲从。

…………

同时，你还可以看看身边那些时时处处都能游刃有余地掌控局面的人，看他们是如何做到的。

你会发现，那些你心目中的掌控者，都比较强势、果断，他们具有很强的人格魅力，具有决断、坚韧的特质。更为关键的是，他们不会使用蛮力去应对人际纠纷，而是以巧妙的策略来化解矛盾，轻松挽回局面。当然，这些策略和技巧，在本书中都能找到。

本书以心理学、行为学、口才学等领域的研究成果为基础，并结合大量现实中的案例，深入浅出地为你揭示：只有拥有了超级掌控力，你才能在任何场合中掌控住局面，让事情的发展按照你的思路运行。

只要你掌握并运用本书中提出的思维方式和应对策略，无论面对怎样的困境，你都能够巧妙逆转被动局面，摆脱人际交往中的困局，快速、果断、从容不迫地取得主导权。即使你的对手比你强势得多，你也能在交锋中处于不败的境地，以四两拨千斤之力化解困境。

2018 年 8 月

目 录

Part 1　洞悉人性奥秘，方能掌控人心

互惠原理：没人愿意欠人情债　002

习得性无助：人人都想掌控大局　006

狄德罗效应：改变行为能改变态度　010

重要效应：人人都想受人瞩目　013

焦点效应：人人都想以自己为中心　016

囚徒困境："聪明"为什么会反被"聪明"误　019

晕轮效应："一俊"遮"百丑"的原因是什么　022

控制错觉定律：人们为何会认为自己能够掌握偶然事件　025

Part 2　破译交际密码,掌握交往主动权

共同体验有利于缩短人与人之间的距离	028
懂幽默,就能征服人心	031
学会发现并唤起对方的需求	034
练就火眼金睛,洞察对方内心	037
投其所好,迅速收获好感	040
必要的眼泪能唤起对方的悲悯心	043
善于攻心,让自己的思路成为主导	047

Part 3　不炫耀,不张扬,低调更能受欢迎

沉静内敛,方可一鸣惊人	052
藏锋露拙,该收敛时就收敛	055
绝不卖弄,收起你的小聪明	058
淡化优势,聪明人绝不自招忌妒	062
拒绝傲慢,拥有谦虚的态度	071
谦和待人,就容易收服人心	074
平易近人,才能赢得尊敬与爱戴	077
稳重低调,不要自以为是	081

Part 4　审时度势，灵活机变才能掌控局势

通权达变，做人不要太固执　　　　　　　　086
随机应变，做人做事要机敏灵活　　　　　　091
领悟舍得，得中有失，失中有得　　　　　　094
吃亏是福，舍小才能得大　　　　　　　　　098
全面考虑，进时思退，退时思进　　　　　　106
世事无常，要有失败的心理准备　　　　　　109
以屈求伸，退一步是为了进两步　　　　　　113
忍辱负重，忍是一种韧性的战斗　　　　　　119

Part 5　审慎行事，小心身边的陷阱

模糊语言，给自己留下回旋的余地	134
太极推手，推掉麻烦与危险	137
适当警惕，现实没有想象得那么好	140
别太轻信，信誉越来越靠不住	141
隐藏一些，心事不可随便说	144
深思熟虑，多点戒心没坏处	147
保护自己，小心"一见如故"的陷阱	150

Part 6　妙言巧语，会说话是一种掌控力

从"心"出发，学会以情动人	154
关心体贴，让别人感觉到温暖	160
赞美有道，捧人是一门学问	163
抛出诱饵，先诱导，再说服	168
引经据典，让事实帮忙做说客	171
将计就计，巧妙利用逆反心理	175
多谈论别人，少谈论自己	179
制造共鸣，让对方一步步地认同你	182

Part 7　出奇制胜，没有办不成的事

激发兴趣，牵着别人的鼻子走	186
抓住弱点，让对方无法推辞	187
暗中智取，让对方不知不觉为你办事	189
佯装糊涂，利用误会假变真	191
借梯上楼，善于借助别人的力量	194
利用爱心，借完同情再借爱	198
迂回办事，不时借点"枕边风"	203

Part 8　掌控全局，把握住自己的人脉网

人脉有多大，你的舞台就有多大	208
融入环境，扩大自己的"圈子"	212
维护关系，危难之时有人帮	216
保持联系，有事没事多联络	220
礼尚往来，让"礼"成为联系感情的纽带	226
鸿雁传情，运用书信交流感情	229
运用电话，及时沟通感情	233
优化调整，人脉网络也要升级	236

Part 1

洞悉人性奥秘,方能掌控人心

互惠原理：没人愿意欠人情债

"怎么搞的，检查组明天就来，你怎么没有提前通知呢？"局长接了部里的电话，生气地质问办公室主任。

"我……*我……我把通知……"

"都没有做准备，你说这事怎么办吧？"局长不想听办公室主任的解释。

"对不起，局长，这是我的问题，我马上督促他们准备。"

……

其实，这事不能怪办公室主任。办公室主任一接到上级的检查通知，就马上把通知送往了局长办公室。当时，局长正在打电话，见他手拿通知进去，就让他把通知放在桌子上了。

"估计是我走了以后，局长就给忘了。"办公室主任心里暗暗地想，但他没有吭声。

他马上去局长那儿找出那份通知，按照通知要求，赶紧打电话通知各部门准备。最后，终于在检查组到来之前，准备好了所有材料，顺利通过了检查。

大家都把悬着的心放下了，事后局长决定好好培养办公室主任。

局长这么做的原因是什么呢？是因为办公室主任有责任心，敢担当吗？

确实如此，但是，更为重要的原因是因为他对办公室主任产生了一种"互惠心理"。

　　下属替自己背了黑锅,还当众挨了自己的批评,局长的面子是有了,也维护了一个局长应有的权威,但他的心理失衡了,他觉得自己有必要弥补一下对下属的愧疚之情。

　　从心理上来讲,一般人都有这种互惠心理,就是说,接受了别人的帮助,就想要回报对方。 比如,一个人帮了自己的忙,我们会用自己的方式回报对方。 比如:

　　汽车销售员在帮客户介绍车时,突然拿出一条纯白的手帕,铺在顾客那台本来就想换的破烂车辆前,非常有礼貌地说:"我先帮您检查一下您的车。"随即钻到车底下。过了一会儿,他边拍着沾满泥土的手帕边说:"一切都好。"顾客看着他满头大汗的样子,心里不禁十分感动,同时也非常感激这位销售员的细心体贴。原本没有买车的打算,但看到这位销售员有这么好的服务精神和态度,便对他产生了信任,于是就决定跟他买一辆新车。这就是那名汽车销售员的销售策略,靠一条因为顾客弄脏了的手帕来感动对方,换取他的感激之情来推销,最终使他成功地售出一部汽车。

　　心理学中有这样一个实验:有一位教授在一群素不相识的人中随机抽样,给挑选出来的人寄去了圣诞卡片。 结果,他收到了大部分人的回赠。 那些给他回赠卡片的人,根本就没有想到过打听一下这个陌生的教授到底是谁。 他们之所以会回赠,是因为不管怎样,都不能欠别人的情,就算是自己的敌人也不行。

在第一次世界大战中，有一小队德国特种兵的任务是去敌军战壕中抓俘虏，回来取得口供。

有一个德军特种兵曾多次成功地完成了这样的任务，这次他像以前一样来到敌军战壕中。

一个落单的士兵正在吃东西，丝毫没有防备地就被控制住了。他手中还举着刚才正在吃的面包，这时，他本能地伸手，将面包递向德国兵。

这一举动让德国兵大吃一惊，结果，他没有俘虏这个敌军士兵，而是自己一个人回去了，即使他知道回去是要受处分的。

那他这样做的原因又是什么呢？

那是因为对方递送面包的这一举动唤起了他的互惠心理，他觉得自己受了对方的恩惠，就要回报对方。而那一刻，不抓他，就是对他最好的报答，于是，他就这么做了。

想想看，在你死我活的战场上，一个小小的举动就能挽救自己的性命。在职场中，我们是不是可以借用类似的举动来打动我们的同事，以获取他们的支持和帮助呢？答案是肯定的。

哪些算是小小的恩惠呢？比如送礼给对方、请对方吃饭、帮助对方做事。

互惠原理认为，在接受了别人的帮助后，我们会用尽量相同的方式去回报别人。如果有人送生日礼物给我们，在他生日时，我们会回送一件礼物。所以，中国有个传统就是"礼尚往来"。

某机场，一名旅客正在休息，走来一名募捐者，突然将一朵玫瑰塞给了他。旅客本能地接过了玫瑰，但他马上反应过来，要将玫瑰还回去。可是募捐者不要玫瑰，而是提出了募捐的请求。旅客再次拒绝，但募捐者再一次回绝了他，旅客陷入矛盾中。其实，他完全可以把玫瑰拿走，然后不掏一分钱就走开。但是他却没有这样做，而是表现得犹豫不决。几秒钟之后，旅客还是没有走开。最终他捐了两块钱给募捐者。之后，旅客如释重负，但他却将玫瑰扔到了垃圾桶里。

互惠原理的威力在于，即使是一个陌生人，甚至是一个敌人，如果他先给我们一点小小的好处然后再提出他的请求，他就非常有可能达成自己的目的。因此，某些人不请自来地帮我们一个忙，我们就会自然地产生还他们一个人情的想法。

那么，产生这种心理的根源是什么呢？我们需要从互惠原理的社会意义上寻找其根源。其实，互惠原理的确立，目的是发展互惠关系。如此一来，不请自来的好处一定会让接受者产生负债感。人们的心中普遍有这样一种想法：给予和接受是一种责任，与此同时，偿还也是一种责任。

在生活中，偿还的责任不仅使我们没有办法自主选择施恩的人，还把这种权力交到了其他人的手中。在这个过程中，施恩的人掌握着真正的选择权。施恩者决定了怎么样给予恩惠，也决定了如何收取回报。因此，即使是一个不请自来的好处，一旦被接受，我们也会有负债感。

习得性无助：人人都想掌控大局

一对年轻夫妇，由于刚买了新房，经济状况不是很好。接下去，他们还得规划着购买大件家具或电器。

年底了，妻子想在丈夫年终奖发了以后把家里的电脑换了，因为家里的电脑太旧，总死机，影响工作效率。

丈夫想买套沙发，因为他是个球赛迷，无论是什么球赛，他都从不错过。他希望在看球的时候能有个舒服的沙发。

妻子知道丈夫心中的渴望。她也知道，假如提出自己的要求，丈夫也不会反对。不过，她清楚他会很遗憾，他想要个新沙发也很久了。

丈夫领了年终奖，非常高兴地回到了家里。

夫妻两个人便有了如下的对话：

"老婆，年终奖发了，你想买什么？"

"我没什么需要的。你呢？"

"不如买套沙发？"

"可以啊，这样你看球赛就会舒服多了。"

"那还需要什么呢？"

"要是钱有剩余的话，就买台电脑吧。咱家的太旧了，老死机，影响工作。"

"钱可能不够，"丈夫想了一会儿，"要不，先买电脑吧。"

"那你的沙发怎么办？"

"没事，这个不着急。先买电脑，沙发等有钱了再买呗。"

结果，妻子拥有了一台她早已相中的电脑。

这个妻子非常聪明，表面上放弃决定权，实际上却掌握了决定权。

从表面上看，做主的是丈夫，妻子没反对他买沙发。随后妻子提出如果条件允许再买台电脑，表明决定权还在丈夫那里。最后，妻子也没有反对丈夫买电脑。似乎一直都是丈夫在做主，但实际上，妻子非常巧妙地达到了自己的目的。

妻子的聪明之处就在于她了解丈夫"喜欢做主"的心理，而且对这种心理加以利用。其实，每个人都想"做主"。因为人人都有自尊心，渴望得到别人的认可与尊重。或许，很多时候，决定的内容并不重要，他们只是想通过"做主"的形式来满足自己的自尊心。也就是说，"做主"只是一种形式，关键是能否满足自尊心。只要自尊得到了满足，决定什么内容就不那么重要了。

这也是为什么我们常能看到一个获得别人尊重的人，往往很少提出不同的意见。

记得林肯说过："当一个人心中充满怨恨时，他不可能按照你的意愿行动，那些喋喋不休的妻子、喜欢骂人的父亲、爱挑剔的老板……都该了解这个道理。你不能强迫别人同意你的意见，可是会有一些方法让他们自愿服从你。"

的确，表面上是让对方做主，实际上却能达到自己的目的。对处于劣势的一方来说，这不失为一种好方法。比如，家中的弱势一方、父母眼中未成年的孩子、团队的得力干将、公司经理的副手，你的位置表明了你没有决定权，而掌握决定权的人却又非常希望得到你的认可与尊重。为此，遇到什么事要做决定时，你不用因为没有决定权而黯然神伤，要做的是：尊重对方的决定权，提出自己的意见。可以这样说："我觉得这件事如果能……的话，可能会更好，不过，最终还是要由你来拍板。"这样一来最终获益的还是自己。何乐而不为呢？

心理学研究发现，人们之所以会有控制欲，是由于"习得性无助"现象。"习得性无助"是指人或动物接连不断地受到挫折，对自己丧失信心，陷入一种无助的心理状态。它是一种由于学习而形成的无能为力的心理状态。据研究，动物界中普遍存在"习得性无助"，即使人作为高级动物，也不能例外。

1975年，塞里格曼在大学生群体中进行了"习得性无助"实验。把学生分为三组：让第一组学生听一种噪音，而且他们没有任何办法使噪音停止。第二组学生也听这种噪音，但他们可以通过努力来停止噪音。第三组学生听不到噪音。当受试者在各自的条件下进行一段时间的实验之后，接着进行下一项实验：实验装置是一只"手指穿梭箱"，当受试者把手指放在穿梭箱的一侧时，就会听到一种强烈的噪音，而另一侧没有噪音。实验结果表明，在原来的实验中，有办法停止噪音的，以及未听噪音的学生，他们在"穿梭箱"的实验中，能够学会将手指移到箱子的另一边，停止噪音。而第一组被试者，也就是说在原来的实验中无论如何都没有办法停止噪音的学生，他们的手指仍然停留在原处，任凭刺耳的噪音响下去，没有任何反应。

有很多实验都证实人会产生"习得性无助"。通常经历"习得性无助"之后，人在情感、认知和行为上会表现出消极的特殊心理状态。比如，习得性无助让人觉得自己没有能力，最终导致他们走向失败。他们拖延工作、敷衍了事、放弃挑战；他们沮丧，并以愤怒的形式表现出来。

研究证明，个体的幸福和健康与个人控制力息息相关，剥夺了一个人的控制权和选择权相当于剥夺了他的健康和幸福。

例如，让囚犯拥有控制环境的权力——可以开关电灯、移动椅子、控制电视——他们的故意破坏行为就会大大减少。

给工人一些完成任务的决定权可以使他们士气高昂。

假如我们可以选择早餐吃什么、晚睡还是早起、什么时候去看电影，那我们就可能活得更久、更快乐。

我们在购物时，店员经常会使用这一心理技巧，让顾客拥有主动权，尽量去满足顾客的控制欲求。比如，微笑地面对进店的顾客，热情招呼"您好，欢迎光临！""您好，请随便看！"等以示尊重，但不要太长或说太多，给他们一个宽松的购物环境，不要让顾客感觉到一种压力；店员在做推荐时，要推荐几种商品，然后让顾客自行选择，把主动权交给顾客，满足顾客的控制欲；在试用时，一定要让顾客自己动手，店员要做个能干的助手或者咨询员。总之，保证顾客拥有控制权，购物的体验就会变得非常愉快，下次有需要就会再来光顾。

狄德罗效应：改变行为能改变态度

一个穷人家的女孩收到了一条漂亮的短裙。为了找到一件能与这条漂亮短裙相配的上衣，女孩的母亲翻箱倒柜，终于发现了一件雪白雪白的衬衣。

女孩配上白衬衣，穿上新裙子，整个人焕然一新，显得既漂亮又成熟。女孩的父亲看到女儿的这副模样，既惊喜又羞愧。惊喜的是女儿的模样这么漂亮；羞愧的是让如此美丽的女儿生活在如此破旧的家中。于是，他开始打扫自己破乱的家。

这一行动影响了邻居们，他们也跟着打扫自己的房屋。于是，村庄里，一家影响另一家，最后，每一个家都打扫得干干净净，整个村庄都因此变得富有生气。

另一个故事与之很相似：

丹尼斯·狄德罗是18世纪法国的一名哲学家。一天，朋友送他一件质地精良、做工考究、图案高雅的酒红色睡袍。狄德罗非常喜欢，但总觉得家里的家具配不上这件华贵的睡袍，地毯的针脚也粗得吓人。为了与睡袍配套，狄德罗将家里的东西都换了一遍，于是，整个家也跟上了睡袍的档次。

美国哈佛大学经济学家朱丽叶·施罗尔将这些现象称为"狄德罗效应"，亦称作"配套效应"。就是说，人们在拥有了一件新的物品后，会不断地买进其他物品与之相适应，以达到心理平衡。

因为这种心理的存在，一个人自我转化的内在动机往往是一件小小的物品、一个小小的改变，使其主动实现自我转化，从而获得良性发展。

"态度——依从——行为"法则是"狄德罗效应"产生的根本原因：态度会影响行为，行为在一些时候也会决定态度。因此，改变自己的一个切入点就是立刻去行动，行为的改变会导致整个人生的改变。

人们通常认为，人是先有想法，然后再去行动，而心理学家们却不以为然，他们发现有时候是行为改变态度。美国著名心理学家詹姆士说："因为发抖，所以怕；因为动手打架，所以生气；因为我们哭，所以才愁——而并不是因为怕了才发抖，生气了才打架，愁了才哭。"这个观点告诉我们，我们的态度会随着行为与身体的变化而改变。此后，一些心理学家用实验证明了这个观点。例如，艾克曼是美国的一名心理学家，他的最新实验表明，一个人如果总是想象自己感受某种情绪，那么他真的会经历这种情绪。一个故意装作愤怒的实验者，由于"角色"的影响，他的体温会上升，脉搏会加快。

詹姆士依据"态度——依从——行为"这一法则，提出建议："想要养成某种习惯，那就得去付诸行动；想不要养成某种习惯，那就得避而远之；想改变一个人的习惯，就要将注意力放在其他方面。"

比如说，多年来，政府一直强调使用汽车安全带的重要性（态度），但收效却不大，后来制定了法律，不系安全带视为违法，交警也增加了监管的力度。 人们虽然有点意见，但还是系上了安全带（被迫行动）。 过了一段时间，交警放松了监管力度，人们还是自觉系上安全带（行为），觉得这项规章制度很好，能保护人身安全（态度）。

就好像我们平时去商店闲逛，收到了免费赠送的沐浴液试用包（行动），当我们试用之后觉得它不错（行为），就开始了对它的关注（兴趣／欲望），下次去商场的时候会首先购买这个牌子的沐浴露（态度）。 因此，促销活动往往更倾向于采取营销计划直接对消费者行为产生冲击，从而改变消费者的态度。

将一个行为长期坚持下来（无论是自愿的还是被迫的），逐渐产生兴趣，可以促进态度的转化。

但是，在企业管理中，管理者经常会误以为"态度决定行为"。 特别是在企业流程和人力资源管理方面，这一误解普遍存在。 例如，在新品上市的时候，总是先进行内部动员，希望销售部门能够理解新品成功上市对公司的重大意义。 再比如说，对那些态度不怎么好但能力比较强的员工，总是要首先让他们端正对工作的态度，再考核他们的绩效。

这一做法是没有科学依据的。 正确的做法是：新品上市就直接制定出清晰简明可执行的上市方案到销售部门，硬性要求销售部门必须按照要求执行；对能力较强、态度一般的员工，不用一味地强调转变工作态度，而是直接对工作量化并做出绩效考核。 通过一段时间的行为规范，态度自然会有变化。

重要效应：人人都想受人瞩目

"小孙，帮我翻译翻译这个稿子吧。这礼拜就要！"一位科长向他隔壁部门的一位职员说道。

"以前都是小王帮我翻译，他效率高，英语也好，可惜他现在出差了。你们部门的小张也不错，但他挺忙的。"科长补充道。

"这礼拜？我恐怕要跟您说声抱歉。我手头也有不少事情要做呢，可能没时间为您翻译，小王马上就回来了，我看根本不用找我嘛！"

"啊，这样啊，那好吧！"

我们再来看下面这个故事。

一位富商要修建一座办公楼，但在资金上还缺300万美元，很多银行都不愿意贷给他这笔款。

在所剩的钱仅够再花一个星期的时候，他与银行的一名主管吃饭，席间，他非常直接地对银行主管说："我还需要贷300万美元的款，明天就要。"

"你一定在开玩笑，这样的事我们从来没有办过。"银行主管答道。

"我认识那么多银行负责人，想了想，觉得除了你，谁也办不好这件事。"富商很诚恳地说道。

银行主管听后，一愣，然后微微一笑，说："这个要求真的太高了，不过，我可以试一试。"

结果，第二天，这个富商果真拿到了预期的贷款。

同样是求人办事，一个是不会说话，不知将心比心，事情原本简单又容易，却没办成；一个因为了解他人的心理，进而以心攻心，结果那么难办的事也成功了。

在第一个故事中，事情非常简单，小孙却予以回绝，想想看，他真的挤不出一点时间吗？多半不是这个原因，而是科长的话伤了他的自尊心。因为，那个傻科长要请小孙帮忙，却一口一个小王好、小张不错。难免小孙会想，既然他们都不错，那就用不着我呗。

在第二个故事中，事情那么难办，银行主管却给办好了。这是什么原因呢？

道理很简单，因为"除了你，没有谁有这么大的本事完成这件事情"这句话满足了银行主管的虚荣心。人人都有自尊心、虚荣心，人人都想要获得别人的认同，都希望自己是"唯一的""特别的"。诸如此类的"唯有你能"或"除了你，谁也不能"等字眼，常常会让人觉得很受用，让人的虚荣心得到极大的满足。因为这种错觉，间接地激发一个人的自尊心，满足其虚荣心。虽然明知那是拍马屁，却仍然让人身心舒畅。这也是为什么银行主管会竭尽全力地发挥自己的最大能量，最终办成了原本认为不可能的事。

在日常生活中，假如想要自己的观点被别人接受，并且让别人按照自己的意愿办事，不妨大方地使用这样的字眼。

比如，分派下属一项重大任务，可以特别强调一下任务的艰巨性，说："我想来想去，也只有你可以担此重任。"强调"非他莫属"。

让家人去做一件烦心的家务事，可以强调一下做家务的重要性，说："干这个活，你最拿手！"强调他的不可替代。

请求他人为你解决棘手问题的时候，也可以强调对方有多么重要，说："除了你，谁都干不成这件事！"

请相信，这样的光环没有人能拒绝，他们因此能够特别为你办事，帮你办成"特别"的事。

一旦你把这种认识固化在你的头脑里，时时谨记，你将获得不可思议的洞察力，清楚地了解到人们为什么要做他们正在做的事。

人们不在乎你知道多少，却非常在意你对他们了解多少。当他们知道你关心他们时，他们对你的感觉也就发生变化了。因此，要让别人知道，对你而言，他或她是重要人物。人们如果得到理解和信任，人人都能成为重要人物。如果获得了你的信任，他们真的就能成为重要人物，使你顺利达到自己的目的。对你而言，人人都有成为重要人物的潜质，而他们需要的只是来自你的信任和鼓舞，从而激发他们的潜力。

永远记住，不要显摆自己的重要性，而要让他人高看他们自己。相信他们，他们就会开始正确地做事。

焦点效应：人人都想以自己为中心

基洛维奇是一名著名的心理学家，他曾经做过这样一项实验——让康奈尔大学的学生穿上某名牌T恤，然后走进教室，让这名学生自己估计会有多少人注意到他的T恤，他觉得会有大约一半的同学。但是，出乎他的意料，只有23%的人注意到了这一点。这个实验说明，我们经常以为别人在注意自己，但实际上并非如此。由此可见，我们对自我的感觉的确占据了自我世界中的重要位置，将别人对我们的关注程度放大了，其实并没有那么多人注意到我们。

这就是心理学中的焦点效应。人们都会将自己当成中心，而且高估了外界对自己的关注，这是心理学中所公认的一个事实——人都是以自我为中心的。其实，这也是生活中常见的现象。

比如说，同学聚会时拿出集体照片，大家都会先找自己。又比如说，朋友之间聊天，大家会很自然地将话题引到自己身上来，而且，大家都希望被别人所关注，被众人所评论。这就是焦点效应在生活中的体现。

焦点效应意味着人类往往会把自己看作一切事物的中心，这常常会使我们高估自己的受关注程度。和初次见面的人一起用餐，你不小心把酒杯打翻，或者不小心将菜撒到了外面，该送到嘴里的菜意外地掉在桌上，此时，你是否会觉得非常尴尬？认为大家都在笑话你？可能很多人都会有这样的感觉，即使不那么强烈也会觉得不好意思，然后变得非常小心。这是很正常的表现，大家都希望能给别人留下一个好印象。有实验表明，其实我们（不是公众人物的情况下）并不是那么受人关注。没有人会注意到你夹的菜掉到了地上，即使看到了，人们也是不假思索地就过去了，根本不会放在心上。

很多时候，都是我们对自己过分关注，以至于认为别人也这样关注着自己。这是自我焦点效应在作怪，总觉得自己是人们视线的焦点，大家都在看着自己，这样就会让人产生社交恐惧。

社交恐惧者会高估自己的社交失误和公众心理疏忽的明显度。假如我们不小心碰倒了杯子，或者自己是宴会上唯一一个没有为主人准备礼物的客人，就会觉得非常尴尬。但是研究发现，我们所受的折磨，别人不太可能会注意到，即使注意到也可能很快会忘记。没有人会像我们自己一样关注我们。因此，正确理解焦点效应有助于消除社交恐惧。

正是因为每个人都有焦点效应，所以销售员常常会利用这一点。

业务员的主要任务是推销产品。大多数的推销员一进门就对客户说"我们的产品怎么怎么样""我们的产品有什么优点"等。其实，没有人愿意听他们这样啰唆，谁也不愿意听关于别人的事，特别是对于陌生人，没有人会想这样白白地浪费时间。

但是，恰恰相反，客户更愿意去听关于自己的事。

一个业务员走进了客户王总的办公室。王总正在忙，他静静地坐了下来，观察了一下客户的办公室。客户的后面是一个书柜，桌子上有一张王总穿着博士服的照片，照片一侧竖着写了四个大字"大展宏图"，看起来照片是精心装裱过的。

王总忙完了以后，业务员对他说："王总，您是博士毕业啊？读的哪所大学？您是博士又掌管着这么大的一个公司，可真是事业有成呢，这样的人可不多见呀！"王总一听，立刻哈哈大笑:"你过奖啦,这是我以前在读……"客户兴致勃勃地讲起了自己的事。

客户谈了一会儿,就主动切入正题,谈起了产品。但是,当报价的时候,客户又沉默了。业务员很快反应过来,说:"王总,照片上的字是您写的吧,真有气势,您的书法肯定也相当了得呢!"

王总接过话来:"过奖了……我以前……"

最后,这笔生意很顺利地谈成了。

一开始,业务员具有针对性的一句话很快拉近了他与王总的距离,在冷场的时候,业务员再次利用心理学中的焦点效应,让王总成为焦点。客户也喜欢谈自己的事,试想,如果一开始业务员滔滔不绝地谈自己的产品,这笔生意能这么简单达成吗?

焦点效应不仅能够用于销售,我们也可以将它应用在生活中。

例如,追女孩子。

当你看到一个漂亮的女孩子,你想结识她,要一个电话、微信号什么的,利用焦点效应,肯定不会让你空手而归。你可以上前说"小姐,你这衣服真漂亮,在哪儿买的呀?我也想给我妹妹买一件"。当然,也不局限于衣服,提包、鞋子、钱包、手机、手链等都可以,让她知道你在关注她,这样,她的联系方式马上就可以到手了。如果你说"我没有听说过这个地方呀,可不可以请你帮忙?"没有人会轻易拒绝你,她的联系方式就到手了。

每个人都希望成为外界关注的焦点,这样你会快速领会对方的目的,打破对方的心理防线,表现出你对他的关注,使对方放松戒备。

囚徒困境："聪明"为什么会反被"聪明"误

甲乙两名嫌疑犯因为入室偷盗，被警察逮捕，然而警方因证据不足，无法起诉。两名嫌疑犯被分别关在两个独立牢房中，不能交流信息。在这种情形下，甲乙两人有如下几种选择：

（1）与警察合作，交代犯罪事实，以求获得从宽发落。

（2）保持沉默，拒不承认，警方证据不足，最终获得释放。

甲乙两个嫌疑犯都知道，假如两个人什么都不说，就都会被释放，因为警方无法给他们定罪。而警方当然也明白这一点，因此需要一些办法让他们说出犯罪事实，将其绳之以法。

于是，警方分别告诉甲和乙，假如两个人中有一个人说出犯罪事实，即告发他的同伙，那么他就可以被无罪释放，而且还可以获得额外奖励，而他的同伙就会被从重处置，并且还会对他施以罚款，作为对告发者的奖赏。当然，假如他们都招供的话，两个人都会被按照最重的罪来判决，没有人会得到奖励。

面对这样的情况，甲乙两人要如何选择呢？是选择互相合作还是互相背叛呢？

从理论上看，他们应该互相合作，因为保持沉默，坚持下去就能被放出来，重获自由。这当然对彼此都是最好的结局。然而两个人却不知道对方会如何选择。甲不是傻子，他马上意识到乙是不可信任的，万一他招供了，然后获得一笔丰厚的奖赏，并且被轻易释放，他就会独自坐牢。乙与甲的担心是一样的，他怕甲背叛自己，轻易地将自己供出来。

因此，对于甲和乙来说，最好的选择就是招供，把一切都告诉警方，这样的话，如果同伙笨得只会保持沉默，自己还是可以受益的；而如果同伙也根据这个逻辑向警方供出了自己，大不了两个人一起服刑，也不会受到其他的处罚。最后的结果就是，甲和乙都供出了对方，两人在监狱里见了面。

这就是一种"囚徒困境"，它说明理智的人都会最大化自己的利益，而不顾整体利益最大化的倾向。人常常是"自利"的，从个人利益的角度来说，理智的人会选择对自己有好处的策略，放弃对自己有威胁的劣势策略，甚至为了使自己的利益最大化，而故意造成对方利益的最小化。因此，在单次博弈的"囚徒困境"中，两个人最终都背叛了对方，没有人获得优势，两个人都只能在监狱里共度时光。

我们经常会说"聪明反被聪明误"，现实生活中，大家都想做最精明的那个人，使自己的利益不受损失，从而使自己的利益最大化，没有一个人愿意被别人看成傻子。然而，这种自以为聪明的想法，往往会让人变得更加贪婪、利欲熏心、头脑模糊，最终无法做出最正确的决策。越是想获得更多，越是欲壑难填，背离自己的初衷，不但没有使自己的利益达到最大化，而且还会蒙受更大的损失。

美国的数学家图克曾说:"假如大家都想最大化自己的利益,最终往往会落得两败俱伤的结果。个人的理性算计,最终会导致集体结局的非理性。"因此,在利益面前,我们除了要为自己考虑之外,也要考虑到别人的利益和自己的长远利益,学会适可而止,不要过于"精明",更不要聪明反被聪明误。

晕轮效应："一俊"遮"百丑"的原因是什么

一个女人喜欢上了一位年轻英俊的小伙子。她发现他的一举一动都充满智慧和魅力，她认为他是一个品行端正、心地善良、值得依靠的好青年，因此苦苦追求。最后两个人终于在一起了。走近了，她才发现这个人与她想象一点儿也不一样，此人的品行极为恶劣，是个只懂得坑蒙拐骗、吃喝嫖赌的恶棍。女人后悔了。当初她把他的一切都看得太完美了，只看到了外表，就一叶障目，认为他是个好人，结果却害了自己。

在现实生活中，处于恋爱当中的情人很难察觉对方身上的缺点，而一厢情愿地认为对方的一切都是好的，做的事都是对的，纵然别人替你指出了那些缺点，自己也会觉得无所谓，这就是心理学上的"晕轮效应"。

"晕轮效应"又称"成见效应""光环效应"，指的是在人际交往的过程中，人与人相互作用，形成了一种夸大了的社会现象，也指人们在看待问题的时候，没有完全了解，而是以偏概全、以点带面的社会心理效应。在这种心理作用的影响下，与人交往的过程中，人们常常会从对方所具有的某个特性而泛化到其他有关的一系列特性上，以为他的其他方面都像自己看到的那一面一样。

"晕轮效应"会扩大一个人的缺点或者优点，因此，当你对某个人有好感后，就很难感觉到其缺点的存在；当你不喜欢某人时，就很难看到他的优点,从而觉得他一无是处。这就给我们带来了很多负面影响,它总是使我们一叶障目,无法真正地认清事物的好坏真假,容易被人所利用。所以,我们在社交过程中,要保持"害人之心不可有,防人之心不可无",要时刻警惕,不能被表面现象所蒙蔽。在现实生活中,我们经常说"一丑遮百俊""一俊遮百丑",这也是"晕轮效应"的体现。

俄国著名文学家普希金也曾经因为一叶障目的"晕轮效应"而使自己陷入痛苦之中。

年轻的普希金深深地爱上了娜坦丽,她被称为"莫斯科第一美人"。娜坦丽长得十分漂亮,这不禁让普希金觉得这个女人也是善解人意的、浪漫的、优雅的,普希金非常想跟她生活在一起。

在普希金的热烈追求下,娜坦丽嫁给了他。而结婚以后,普希金却发现娜坦丽与自己完全是志不同道不合的人。每当普希金将他的作品念给她听的时候,她总是捂着耳朵说:"不要听!不要听!"相反,她拉着普希金与她一起出去玩,出席一些豪华的晚会、舞会,普希金为此丢下了自己的创作,还欠了一屁股的债,最后还为了娜坦丽而与别人决斗,最终死于非命。

在普希金看来,女人长得漂亮,肯定也会有高尚的品位和非凡的智慧,然而事实却并非如此,"晕轮效应"欺骗了他。

从心理学角度看,"晕轮效应"会受到以前生活经验和情绪的影响,产生一种心理定式,歪曲人们的认知,使人们看不到客观而真实的世界。比如，在日常生活中，我们也常常会因为"女人当家，墙倒屋塌""头发长，见识短"这些俗语，歧视女性；还有"无商不奸"的说法，降低商人在人们心中的地位。

要克服这种心理效应的消极影响，我们要保持清醒的头脑，不要一味地赞同别人的观点，要理智地经常进行自我反思，杜绝一叶障目，客观地看待周围的人和事。

"晕轮效应"这一心理现象非常常见，人们因此会产生一种心理"偏袒"，导致对人或事物的偏见。因此，我们在了解他人时不要以偏概全，而要注重了解对方心理、行为等深层结构，从而做出客观的判断。

控制错觉定律：人们为何会认为自己能够掌握偶然事件

关于"控制错觉定律"心理学家曾经做过这样一个实验：他们对一家保险公司的内部员工发放了一批彩票，员工们可以花上1美元的价格来购买一张彩票，这样就有机会中得百万美元的巨额奖励。彩票号码可以机选，也可由员工自己选择。等员工挑选完毕之后，心理学家们让公司开始和人员协商，希望可以购买他们手中的彩票。结果机选彩票的转让价是1.6美元，而自选彩票的转让价是8.6美元。当心理学家们调查自选彩票号码的员工为什么会提高转让价时，员工的回家是他们觉得自己选择的彩票中奖率会更高一些。这就说明了人们之所以会认为自己选择的彩票号码更容易中奖，是因为"控制错觉定律"在作怪。

所谓"控制错觉定律"，是指人们对于非常偶然的事情，会认为自己是可以控制的。

人们为什么会这样认为呢？这是因为日常生活中，主要的活动，都能靠我们自己的努力和训练加以控制，我们会不自觉地把这种控制感扩散到生活中其他的事情上。

心理学家曾做过这样一个实验：他们给了一些人钱，让他们参加掷骰子赌输赢，以比较他们在掷骰子前下的赌注大，还是在掷完骰子还未开宝时下的赌注大。结果发现，很多被试者在掷完骰子后的赌注没有掷骰子前下的赌注大。

这种情况出现的原因是什么呢？大多数被试者都认为在掷骰子前，靠自己的努力，能使骰子赢的可能性更大。显然是一种错觉，胜负只与最后的一掷有关，而与自己的技术和能力没什么直接的联系，显然它是偶然的。人们之所以这么做，是受控制错觉的影响。

人们的行为很容易受到控制错觉的影响。比如买彩票、赌博等，人们因为放大了自己对未知事物的控制能力，认为结局全在自己的掌控之中，因此而沉迷其中，结果却给自己造成了巨大的损失。我们不提倡这种不理智的行为，因为偶然性的事情本身与我们能力的好坏和技术的高低并没有直接关系，这是我们没有办法控制的事情。因此，在对待中奖和赌博等偶然性事件时，要理性地认识到这一点，偶尔参与也只是碰碰运气，不能过分执拗，不然最终遭受损失的还是自己。

日常生活中，在一些必然的事情上，我们的努力往往可以改变事情最后的结局。比如，多花点儿力气，多扛一些货物，所赚的钱就会多一点儿，多花点儿时间，多记一个知识点，考试成绩就会好一点儿。这些是可以控制的，可以通过自己的能力和技术的提高而有所改变。

然而一些偶然事件是我们无论如何也控制不了的，我们只是被控制错觉所迷惑，不能理智地看待事情。

Part 2

破译交际密码,掌握交往主动权

共同体验有利于缩短人与人之间的距离

　　世界经典爱情名片《魂断蓝桥》的开头是这样的：第一次世界大战期间，在滑铁卢桥上，拉响的警报一声比一声紧急，即将奔赴法国战场的英军上校罗依·克劳宁遇到了舞蹈演员玛拉，他们同时进入防空洞躲避。在拥挤的人群中，四目相对的他们，爱上了彼此。

这是一见钟情魅力的体现，其实，也体现了共同体验的魔力。共同经历危险的两个人，自然而然产生了特别的亲密感，彼此的关系就此发生了质变。

也许有人会说，这是电影，是艺术，不是现实生活，那么，让我们看看下面这个真实的故事吧：

　　有一对青年男女，高中同学三年，关系很是一般。进入大学之后的第一个学期并无任何联系。然而，大一还未结束，两人就开始恋爱了。

　　传出两人恋爱的消息时，同学们都震惊了，因为这事来得太突然。在此之前，没有谁察觉到一点儿蛛丝马迹。后来，还是这位男生自己爆料事情的缘由，大家才清楚。

　　原来，大学第一学期暑期放假期间，高中同学聚会，去爬山的十几个人中也包括他们两个。下山时已近黄昏，刚好遇到了一群地痞上山，他们喝醉了酒，对女生出言不逊，因此双方打起了群架。男生们让女生们先跑，这名女生体质差，跑得慢，落在了后面，这个男孩就拉着她并帮她拿包，两人一起跑到了山的另一面，最后与其他同学失散了。

后来，两个人摸黑下了山，女生被男生护送回家。此后，两人开始交往，返校后互通书信，关系一天天好了起来，水到渠成地成了恋人。

想想也是奇怪，偶然拥有私密的共同体验竟促成了两个人的终身大事。

在日常生活中，经常可以见到两个人的关系因共同体验某件事情而贴近的例子。

比如，冰释前嫌，重修旧好的两兄弟，原来是在父母面前一个替另一个撒谎，使其免于挨打。

两个同学关系特别好，原因是一个人抄了另一个人的作业，但被抄作业的人未向老师告发。

两个同事突然好了起来，原来是不久前单位组织外出，在旅馆的电梯里两个人被困了半个多小时。

诸如此类的行为，两个人共同经历了只属于他们的同一事件。通常，这种私密性越高、越特殊的共同体验，使得两个人的关系也会越亲密。

这是为什么呢？ 从心理学的角度来讲，当人遇到困难时，在其潜意识会有一种"喜欢自己"的心理。 所以在这种爱自己的延长线上，就会有强烈喜欢与自己有相似点的人的潜在心理。 利用这种心理作用，从彼此间共同拥有的经历中，对他人的好感就会爆发出来。 有时，因为拥有共同体验，即使是双方比较生疏，甚至彼此含有敌意，也可能转变为彼此认同，从而成为知己。

《红楼梦》中的黛玉，性格孤傲清高，看到宝钗和宝玉在一起时，便会心生嫉妒，把宝钗视为"情敌""心腹之患"，因而每当有机会，黛玉总要对宝钗贬损一番。但是宝钗总能巧妙地化解。

有一次，贾母与一干人猜拳行令时，黛玉无意中说出了几句《西厢记》和《牡丹亭》中的艳词。这类话本在当时可是禁书，读禁书、说艳词怎能是黛玉这样的名门闺秀所为？这会被人指责为大逆不道。好在许多读书不多的人没有听出来，但是宝钗却听出来了，然而宝钗却没有感情用事，贪图一时痛快，让黛玉无法下台。相反，她认为这是一个绝好的机会，可以以此来化解她和黛玉之间的矛盾。

宝钗在无人时把黛玉叫住，冷笑道："好个千金小姐，好个尚未出阁的女孩儿！满嘴说的是什么？"让黛玉感到这是一个严重的问题。黛玉只好求饶说："好姐姐，你千万别与别人说，我以后再也不说了。"

宝钗看到满脸羞红的她，就没再追问下去。宝钗还设身处地、循循善诱地开导黛玉："在这些地方要谨慎一些才好，以免授人以柄。"黛玉听着话垂下了头，心中暗服，只有答应一个"是"了。

此后，宝钗守口如瓶，黛玉失言之事未向任何人透露。也就是说，这事除了黛玉自己和宝钗，只有"天知地知"。由此，黛玉对宝钗的成见也化解了，两人后来竟然因此成了知己。

懂幽默，就能征人心

当人面临困境时，减轻精神和心理压力的方法之一就是幽默，它可以淡化人的消极情绪，消除沮丧与痛苦。此外，如果恰当地运用幽默，还可以带给他人欢悦，留下好印象；并且在处于困境时还可以化险为夷。与人交往时出现消极情绪是我们不可避免的，或者会出现各种各样的矛盾、纠纷和冲突，如果你能将幽默运用其中，这些问题就能被巧妙地化解，打通你们进一步合作的关节。

每个人都喜欢幽默，如果你的言谈举止中富含幽默与机智，在交际中就能把别人征服，把对方的兴致吸引过来，显出你的聪明之处。在有些困境中，重重乌云甚至会因你的一句笑话而驱散，使双方之间存在的一切怀疑、郁闷、恐惧都烟消云散。下面的故事，就是妙用幽默的最好例子。

在一次商业谈判中，谈判双方的意见"撞车"了，僵持不下，难以下台。这时，一方竟满脸含笑，讲起一个"撞车"的幽默故事：有一天起了大雾，浓浓的大雾使人看不到对面的东西，公路上的汽车只好一辆咬着一辆的尾巴行驶。突然，有一辆车急刹车停住了，后面的那辆与前面那辆的车尾撞在了一起。后面那辆车的驾驶员跳下车来吼："喂，不想活了吗？雾这么大，这样的急刹车怎么可以？"前面一辆车的驾驶员不紧不慢地回道："喂，老弟，还是让我问你一下，你的车都开到我车库里了，难道还不想倒车呀！"双方哈哈大笑,一下缓和了紧张的气氛。

最后,双方经过一番冷静的商讨之后,谈判以微小的"倒车",取得了各自满意的结果。

我们来看一下下面的例子,更能体会到幽默的魔力:

原一平是日本著名的保险推销大师,他很擅长运用幽默的方式来赢得对方对他的兴趣,以此来实现其推销保险、结交关系的目的。他的身材很矮小,仅1.45米。又小又瘦的他实在缺乏吸引力,但是他以自己独特的矮身材,加上幽默语言和苦练而成的各种幽默表情,经常逗得客户哈哈大笑,给人可亲可爱的感觉,从而都心甘情愿地在他这里购买保险。比如,他和客户的对话经常是这样的:

"您好!我叫原一平,是明治保险公司的。"

"啊!明治保险公司,昨天来过你们公司的推销员。我最讨厌保险了,所以昨天他被我拒绝了。"

"是吗?不过,昨天的同事没有我帅气吧?"原一平一脸正经地说。

"什么?你那个同事又高又瘦,哈哈,比你好看多了。"

"矮个子没坏人,不说是越小的辣椒越辣嘛!俗话不也说'人越矮,俏姑娘越爱'嘛!我可发明不出来这句话啊!"

"哈哈,你挺有意思的。"

就这样,原一平在与顾客的谈话中巧妙地使用了其幽默感,双方的隔阂就消失了,并且给人留下了深刻的印象,很快就做成了生意。这就是幽默产生的魔力。

有一位成功的企业家说："我喜欢幽默，在严肃的时候我常喜欢插入一点轻松的东西，人们一会儿就习惯了；但它并不是每次使用都有效，但在大多数情况下效果不错。"本来生活中就不可缺少幽默，作为生动有趣而意味深长的交际艺术，它更是创造和谐气氛的润滑剂。 将幽默恰当地运用到各种交际活动或者生意场合中，往往可以收到优化气氛、赢得人心的独特功效。

学会发现并唤起对方的需求

世界上没有两片完全相同的树叶,同样,完全相同的两个人也不存在。

在马克·吐温小时候,有一次逃学,他被妈妈罚去刷围墙,围墙长达30米。马克·吐温刷了一会儿就发现这是一个漫长的苦役,怎么办呢?他开始寻找对策。此时从远处走来了邻居家的孩子托米,他手里拿着一个大苹果。马克·吐温一见他,立即打起精神,让手中的刷子在墙上飞舞,不时还停下来,后退几步看看效果,好像是正在欣赏一件杰出的艺术品。

托米好奇地走了过来。

"嗨!托米,"马克·吐温招呼托米道,"你要去哪儿?"

托米说:"我要去游泳。你要干活,你不能去的我知道,不是吗?"

"什么,这也叫干活?"故作惊讶的马克·吐温说道,"如果这也叫干活,那我真希望天天有活干。你要知道,刷墙的机会可不是每个小孩都有的,这可是大人才能干的事!"

这句话顿时使托米动心了,他央求马克·吐温让他刷一会儿。刚开始马克·吐温不同意,最后托米提出用苹果交换,马克·吐温才允许他刷墙。马克·吐温躺在草地上吃着苹果,托米则奋力挥舞着刷子,干得津津有味。别的孩子看

练就火眼金睛，洞察对方内心

《西游记》中的孙悟空，拥有一双火眼金睛，不管是什么妖怪，只看一眼，就能看出对方的真面目，所以不管妖怪有多厉害，他都能将其制伏。

号称"外交人员的楷模"的周恩来，之所以能在外交活动中挥洒自如，就源于他有一双"火眼金睛"，能洞察对方的内心。

1971年，为中美外交僵局中断20年进行谈判，基辛格率代表团秘密访华。在他们来华前，尼克松总统一行对这次会谈的情景曾多次设想，他认为中方一定会拍桌子大声叫喊着"打倒美国帝国主义"，让他们滚出东南亚，退出台湾。因此，基辛格一行人等心里都很忐忑。

约好在钓鱼台国宾馆会见，在等待周恩来的时候，基辛格他们表现得有点儿手足无措；每个人的心里都在打鼓，不知道周恩来见到他们以后的态度会是怎么样的：周恩来是否会耻笑他们，或者对他们不理不睬。他们的这种设想其实是有道理的：作为一个曾经把中国人民踩在脚下的国家的代表，如今又到这个国家来访问，只为了能重新与这个国家建交，他们受到中国人民怎样的对待都是应该的。

周恩来一走进会见室，只看了一眼他们的表情，就清楚地知道了他们心里在想什么，也知道他们为什么紧张。为了化解他们的紧张，周恩来决定先不谈政治。于是他微笑着握住基辛格的手,友好地说:"这是二十几年来中美两国高级官员的第一次握手。"当基辛格把自己的随行人员一一介绍给周恩来时,周恩来更是出人意料地给予赞美。他握住霍尔德里奇的手说:"我知道,你会讲北京话,广东话也会讲。我都不会讲广东话,你在香港学的吧!"他握着斯迈泽的手说:"你在《外交季刊》上发表的关于日本的论文我读过,希望你也写一篇关于中国的。"他摇晃着洛德的手说:"小伙子,好年轻,我们该是半个亲戚;你的妻子是中国人我知道,她还在写小说。她的书我喜欢读,欢迎她回来访问。"

几句问候语就这么简单,让基辛格他们把心放进了肚子里。周恩来为了消除基辛格一行的紧张心理,可谓是用心良苦,在这之前,这种情况的出现也许周恩来早已料到,因此他首先充分地了解了这些来访人员,也对基辛格的几位随员进行赞美,不是赞美他们政治舞台上的出色表演,而是赞美其生活、工作中的一些细节,既亲切自然,又大方得体。

周恩来慷慨地赞美这些表面看来与彼此外交使命无关的细节、琐碎之事,大大缩短了双方的心理距离。 周恩来平易近人的温和态度,一方面让客人觉得他们会见的不是一个国家的高级官员,双方不是进行严肃的政治谈判,而是像和一个多年不见的老朋友会面,与他们亲切地话家常,对他们的独到之处大加赞赏;另一方面,"言者有意,听者有心",周恩来通过这些与主题毫无联系的赞美将中国人民对美国人的友好态度巧妙地传达了出去。 这些看似微妙,甚至不易为人觉察的信息却使美国来访的一行人发生了很大的心理转变,气氛由紧张、拘束一下子变得活跃了,这为会谈消除了心理屏障。因此，会谈顺理成章地成功了。周恩来以他的机智敏捷，在外交史上留下了一段传奇佳话。

在与人交往中，是不需要夸夸其谈的，每句话都要说在点上，要想说到点上，就在于你能否洞悉对方的内心；是否能抓住对方的心理，对症下药。要想洞察对方的内心，看人时就要拥有一双火眼金睛，要从细节处着手，比如对方的穿着打扮、说话的语气、口头禅等，观察对方身边的人也可以得到你想要的线索。所谓"物以类聚，人以群分"，看他身边的人品格如何、性格怎样，看他交的是哪一类的朋友、他怎么对待自己的朋友，甚至还可以看他朋友喜欢什么、讨厌什么，从而来推断出他喜欢什么、讨厌什么，进而大概知道他这个人是什么样的，这样在与其交往中，才能把话说到点上，把事做到点上，才会事半功倍。

孙悟空并不是天生的火眼金睛，而是经过烈火的淬练才炼就的。我们要想拥有一双火眼金睛去洞察他人的心灵，就要靠平时的积累。在与人交往中集中精力，把注意力放在对方身上，把全身所有的细胞调动起来，眼观六路，耳听八方，对你有用的信息一定要抓住，久而久之，你也就成了一位善于观察人的人，对方的心思你就能轻易看穿，对症下药，从而能非常容易地达到自己的目的。

投其所好，迅速收获好感

销售人员在进行业务培训时，都要学习这样一种技巧——投其所好。这是和客户打交道时一定要注意的，谈论对方感兴趣的话题，对方对你的印象就会很好，从而促使这笔交易谈成。这个道理也同样适用于同陌生人发展关系。

每个人的兴趣和爱好可能都不同，并且都希望自己的兴趣和爱好被他人认可。如果有人能和他们一起谈论这个话题，对其兴趣和爱好能够理解，他们就会对对方产生一种信任和好感，与对方的合作和交流就能顺利进行。正是因为这个道理，所以很多人都会先想方设法了解对方的兴趣和爱好，从而促成生意或发展自己的关系。

因此在和陌生人交往时，要以对方的需要、兴趣、爱好、志向为根据，有意识地迎合对方，并努力使双方达成共识。与对方的良好关系建立之后，再提出双方的生意合作，对方便会乐于接受和认可。这一点受到很多人际高手的重视。

有一个成功的广告业务员，每次在面对糟糕的业务局面时，他都擅长用提问的方式将对方感兴趣的内容引入话题中，这样就算对方真的很忙，他们也总是乐于挤出时间来和他聊天，而聊到最后的结果，往往是建立关系、谈妥业务。比如，在他刚开始开展业务时，遇见了一个装修公司的老板。这个老板工作繁忙，在他面前无功而返的业务员很多，而这名业务员却成功地把业务推销给了这个大忙人。他是这

样表现的:

业务员:"您好!我叫×××,是广告公司的业务员。"

老板:"又是一个业务员。今天业务员已经来了五个了,我还有很多事要做,没时间听你说。别烦我了,这种广告我们已经很多了。"

业务员:"请给我一个做自我介绍的机会,十分钟就够了。"

老板说:"我的时间真的不多。"

这时,业务员用了整整一分钟的时间把公司挂在墙上的宣传图片看了一遍,然后,他问老板:"您在这一行做得时间有多久了?"

老板回答:"22年了。"

他又问:"您是怎么开始干这一行的呢?"这个老板立刻被这句有魔力的话吸引住了,他开始滔滔不绝地谈论起来,从自己早年的不幸一直到自己的创业,一口气谈了一个多小时。这个业务员那次的生意并没有谈成,但是却和老板成了朋友。接下来的三年里,老板从他这里签了四份大单。而这些生意的成功,都开始于这名业务员巧妙的提问。

要想赢得陌生人对你的好感,就要首先去了解对方的兴趣和爱好,对对方有一个基本的了解,而达到这一目的的最好办法,就是提问。有效的提问能使你对对方有一个透彻的了解,而且提问本身就是一种获取对方好感的方式。就像上述案例一样,一个简单的、诱使对方说话的提问就能让双方的关系得到质的飞跃。关于如何提问,也有很多技巧,一种有效的办法就是"FORM",其内容包括四个方面：

"F"是关于家庭的，即对对方的父母、孩子和兄弟姐妹的情况进行询问；

"O"是关于职业的，即对方的工作是什么，他们想做什么工作，他们正在学习什么，工作中的什么内容是他们的最爱；

"R"是关于消遣娱乐的，即对对方的业余爱好进行了解，由此可以延伸到运动、读书、旅行和音乐等多方面；

"M"是关于动机的，即了解是什么因素在生活中激励着对方，这样的谈话常常可以延伸到众多方面，包括生活中的和工作中的，并达到交浅言深的目的。

通过"FORM"进行提问，其实质就是投其所好，对对方的心理需求的满足。从对方的回答中你对他们也可以进一步了解，为下一步如何发展关系做好准备。

必要的眼泪能唤起对方的悲悯心

都说人的眼泪如同金子般宝贵，所以不要轻易掉眼泪，但是眼泪在有些时候作为武器却是最厉害的。如果有人求你办事，可是你又不想帮对方办，这个时候，对方如果突然流出了眼泪，面对此情此景，拒绝对方，你能做到吗？

这样的经验我们都有，小时候，如果想从父母那里得到什么，起初父母也许会拒绝，这个时候只要你一哭，也许父母就会说："算了，算了，别哭了，要什么就给你啊。"恋爱中的女孩，如果想要男朋友去做什么事，男朋友不肯去做，女孩子这时只要有几滴眼泪流下，哪怕是假的，男朋友也会妥协。

有一家公司为了解雇一位女组长曾经花了近一年的时间。通常，要解雇一位有点级别的职员并不是说一句"你被解雇了"就可以完事了，一般的程序是这位职员被人事部门的经理找去谈话，然后说一些比较客套的话，并给他介绍一些工作让他选择，不用明说，职员也会知道是什么意思，会自动辞职的。可是，这位女组长被人事部经理叫去五次了，每次都是要切入正题时，女组长就哗哗地流下了眼泪，也许她是故意的，但是人事经理就是无法辞退一个满脸泪水的人，他最后不得不无奈地对公司的总经理说："如果必须辞退她的话，随便你们谁去告诉她吧，我真的狠不下心。"于是，一年之后这位女组长才被公司辞退。

女人的眼泪是可怕的,但是男人流泪会更加可怕。虽然"男儿有泪不轻弹",但是,必要的时候发挥眼泪的功效也是不错的。

一位老妇人来到一家律师事务所,律师乔正在事务所办公,老妇人由他接待。老妇人坐下后,哭着把自己的不幸遭遇诉说给乔正听。原来,她是位孤寡老人,在独立战争中其丈夫为国捐躯,她靠抚恤金维持生活。可是前不久,抚恤金出纳员勒索她,说她要想领抚恤金就必须交一笔手续费,手续费占去了一半的抚恤金。乔正听了老人的哭诉,气愤得眼睛都红了,他当即答应老妇人,这场官司免费帮她打而且一定帮她打赢。

不久之后,法庭开庭。由于出纳员只是口头勒索,并无凭据,原告被指责没事找事,形势对乔正非常不利,但他十分沉着、坚定。他眼中含着泪花,把英帝国主义对殖民地人民的压迫声情并茂地回顾了一次,爱国志士如何奋起反抗,如何忍饥挨饿地在冰雪中战斗,为了美国的独立而抛头颅、洒热血的历史。他在最后流着泪哽咽着说:"现在,一切都已成为过去。1776年的英雄,早已长眠于地下,但是他们的亲人衰老又可怜,就在我们面前,要求申诉。从前这位老妇人也很美丽,曾与丈夫过着幸福的生活。不过,现在她已失去了一切,变得贫困无靠。然而,某些人在享受着烈士们争取来的自由幸福时,对她那微不足道的抚恤金还要勒索,请问这种人有良心吗?她无依无靠,不得不向我们请求保护,试问,我们能视若无睹吗?"说到最后,乔正已经泣不成声。乔正的表现感染了法庭里的人,法官的眼圈也发红了,被告的良心被唤醒，承认了事实。最后，法庭判决保护烈士遗孀不受勒索。

那位老妇人在律师面前哭诉，律师因为她的眼泪而同情她，愿意免费为她打官司，而律师的眼泪则让他们赢了官司。严肃客观原本是律师给人们的印象，但是人心都是肉长的，每个人都有感情外露的时候，一个律师的眼泪打动了法官的心，也打动了陪审团的心，同时也打动了被告的心，就这样，乔正靠"眼泪"赢了这场官司。

当然，并不是所有的律师想打赢官司都可以靠眼泪。这只是个例，但不可否认，眼泪确实有其独有的效果。有些政治家为收买人心、博取同情也会使用眼泪，从而达到自己的政治目的。

宋太宗年间，曹翰因罪被贬到汝州，曹翰苦思冥想回京的策略。一天，有个使者被官里派到汝州办事儿，这个机会曹翰哪肯放过。他想办法见到了使者，流着泪对他说："由于皇上的不杀之恩，我现在只有在这里认真悔过，他日对朝廷一定誓死效忠。只是我在这里服罪，家里因人口太多，食物不足无法生活，我这里有几件衣服，请你帮我抵押一万文钱。送到我家去让他们买点食物，也好使家人能生活下去。"说到伤心之处，曹翰越发泪流不止。

使者回官后把这件事如实汇报给了宋太宗。太宗拿过包袱打开一看，里面原来是一幅画，画题为《下江南图》，画中是宋太宗当年下旨给曹翰，任先锋攻打南唐的情景。

太宗看到此图想起曹翰当年功勋，很是伤心，顿生怜悯之情，决定把曹翰召回京城。曹翰的做法打动了宋太宗的心。

所以，当你想让别人帮你办事时，在对方强硬拒绝的时候，不要把你最后的杀手锏忘了，亮出它，用你的眼泪来博取对方的同情，在人际关系中这也是一个绝招，运用得当，对方肯定会举手投降，答应你的要求。 不过，如果你遇到的是铁石心肠的人，那就只能另找目标了。

善于攻心，让自己的思路成为主导

人际交往中，与人发生争辩是难免的，要想在争辩中掌握主动权，就要善于攻心，看透对方的心思，要明白对方的想法，估计对方会说些什么话，然后把握好还击的时机，出其不意，让对方哑口无言，对于争辩来说还击的时机十分重要，就像一个参加比赛的棒球运动员，不管他平时的技术有多高超，如果在比赛的过程中，"击球的决定性瞬间"没有把握住，哪怕只有一秒钟的迟疑，就会与球擦"棒"而过，而胜利也将与他无缘。

律师特鲁为有杀妻嫌疑的乔拉辩护。原告律师麦克拿出的证据对乔拉十分不利：乔拉曾向麦克提出过，要麦克帮助他与妻子离婚。于是，麦克因此推论乔拉的离婚目的无法达到时，采取极端的方式将自己的妻子杀死了。

特鲁知道很难直接反驳"要求离婚就有杀人动机"。于是他决定采用"攻心"策略。与麦克接触几次之后，他发现麦克为人十分骄傲，十分喜欢别人的奉承和巴结，于是他决定要把对方这一心理弱点抓住，攻其不备。

法庭上，特鲁非常谦虚地问麦克："您知道的，对于离婚我什么都不懂，是外行。您是不是对离婚案子十分了解？"

麦克非常骄傲地回答："我可是处理离婚案的权威，需要我处理的案子非常多。"后来又补充说道，"至少有200件每年。"

特鲁赞叹说:"呀!一年200件,在离婚案中您真是专家啊,光写文件这一件事就让您很忙了。"

麦克听着自己对手的表扬,有点飘忽起来,但是他也认为自己说得有点多,很多人可能不会相信,于是只好承认说:"可是……其中有些人……嗯……最后由于各种原因而改变了原来的想法。"

麦克出现了破绽,于是特鲁抓住这一点进一步诱导道:"这样啊!您的意思是还是有可能重新和好的夫妻,那不想把离婚付诸行动的人大概有10%吗?"

麦克说:"比这还要高一些百分比。"

"高多少?11%,还是20%?"

"接近40%。"

特鲁用惊奇的眼光盯着他说:"麦克先生,您的意思是有近一半的夫妻最后决定不离婚?"

"是的。"这时麦克已经察觉到他正在往特鲁的圈套中钻,但是他已经没有退路了。

"嗯,我想这并不是他们不信任你的能力所造成的吧?"特鲁又故意激他。

"当然不是!"果然,就如特鲁预想的那样,麦克急忙为自己辩解,"他们常常一时冲动就跑来找我。但是真的要离婚时,主意却又改变了……"他突然止住,意识到自己上当了。

"谢谢,"特鲁说,"你这个忙帮得太大了。"特鲁说完,转过身去对法官说:"法官大人,您刚才也听到了。原告律师说被告因离婚曾去找他帮忙,因目的没达成而将妻子杀死,这样的证据根本就无法成立。因为,正如原告律师所述,想离婚的人中有将近40%是由于一时冲动跑去离婚,这40%谁又能说明不包括被告呢?"

案件的最后,当然是特鲁胜诉了。就是因为对方的心理弱点被特鲁抓住了,针对其弱点,一步步地诱导对方钻进圈套,掌握主动权,最终达到了自己的目的。

善于攻心者,不仅能在自己设好的圈套中把对手引入,还要学会以其人之道还治其人之身,让对方搬起石头砸自己的脚。

在一场知识竞赛中,一个主持人十分自以为是,他问一个参赛者:"你说你非常喜欢足球,那应该对足球非常了解了?"

十分自信的参赛者回答说:"那当然。"

"好,那我问你,球门的球网上有多少个网孔?"主持人似乎是在故意刁难参赛者。

这个问题难住了现场的所有人,那些评委也觉得主持人问得有点过火了。但是大家也很期待这位参赛者会如何应对。那位参赛者在短暂的失神之后,马上就镇定了下来。他看了一眼主持人,笑着说:"能提出这样问题的一定是大学问家而且知识十分渊博。"

主持人得意地笑了一下。

"那么,古希腊的一位能言善辩的哲学家您一定知道了?"参赛者反问道。

"当然知道,他的名字是保塞尼亚斯。"主持人非常肯定地回答。

"您真是十分博学啊。"参赛者又夸了主持人一句，然后接着问，"有这样一件事您知道吗？有一次，雅典的首席执行官听说保塞尼亚斯很有口才，就请他出席贵族会议，想当众考一下他。首席执行官让每一个贵族议员提一个难题，让保塞尼亚斯对所有的难题只用一句话回答。贵族议员一个接一个向他提了几十个难题，而保塞尼亚斯回答所有的难题只用十分简单的一句话。您知道他说的是一句什么话吗？"

"他只能说'我不知道'，来回答所有的难题。"主持人得意地回答。

"完全正确，作为保塞尼亚斯的后代您当之无愧。"接着，应考者又问道："今天我想再提一个问题，再用一句话回答您可以吗？"

"请问吧！"主持人十分自负地回答道。

"那么，现在我问您，在足球球门的网上有多少个孔？"

"啊，嗯……"主持人无言以对，羞得满脸通红，而参赛者的睿智却赢得了现场所有人的掌声。

这位参赛者在面对主持人的刁难时，并没有惊慌失措，而是将主持人爱表现、有些自负的心理弱点加以利用，以其人之道还治其人之身，巧妙地把主动权掌握在了自己手中，让那位主持人最后搬起石头砸了自己的脚。这就是善于攻心的人高明所在。只要你能把对手的心脉摸准，揣摩对手的心思，知道对手的意图，你就能找到相应的对策，反败为胜，反客为主，让你的思路成为主导，最终赢取胜利。

Part 3

不炫耀,不张扬,低调更能受欢迎

沉静内敛，方可一鸣惊人

"沉静内敛"是有张力的，"积聚力量"的过程是真实的。沉淀岁月，以超凡脱俗的非凡之力脱颖而出，赢取最后的胜利。

当身处不利时，沉静内敛地应对可化险为夷；当身处困境时，积聚力量能转危为安。很多时候，沉静内敛，积聚力量的应对，不仅仅能脱离危险境界，减少损失，还可以把事情做得更好。

在现代生活中，许多年轻人急于表现，想得到快速的"成功"。因而，以为抢到别人前头就是胜利了，即使他的行为对社会造成消极影响也在所不惜。这种急功近利的"争先"观念，使得社会上人人感到自己在孤军作战，周围都是敌人。大家一波又一波地盲目争抢，而"沉静内敛，积聚力量"是应对这种急功近利式的"争先"的最好办法之一。

王婷在大学毕业后，只身去了南方，顺利地在一家跨国公司找到了一个职位。上班的第一天，王婷就发誓要让自己成为公司里不可或缺的人才，所以，她总是暗暗地努力工作和学习。

王婷负责的工作是档案管理，资源管理专业出身的她很快就发现了公司在这方面存在的弊端。于是，她开始连夜加班，大量查阅资料，运用所学的理论知识写出了一份系统的解决方案，并将公司内部工作运行流程、市场营销方式以及后勤事务的规范，也整理出了一套完整的方案，然后一并发到行政经理的电子信箱中。

没过几天,行政经理就请王婷到公司的餐厅喝咖啡,离开时语重心长地拍了拍她的肩头,说:"公司对你这样能默默做事的人,向来是给予足够的空间施展才华的,好好努力。"

此后,王婷更加勤奋地努力工作。公司想竞标一个大商厦周围的霓虹灯方案,同事们整天翻案例找朋友,忙得焦头烂额。王婷白天做自己分内的工作,晚上却通宵不眠,熬红了眼做方案文书。竞标前一天交方案时,王婷去得最晚,行政经理不解:"你们部门的已经交来了。"王婷却充满信心地看着他说:"这是不一样的!"竞标的当天,各种方案一下子被否决掉好几份,公司高层开始紧张,决定试试王婷的方案,但这一试,就让王婷为公司立下了汗马功劳。

第二天,消息就传遍了整个公司,大家都知道了人事资料管理科有个叫王婷的人,不但工作很出色,而且能够默默地为公司谋利益。

一个月之后,公司人事大调整,原来的部门经理调去别的部门,新来的行政 任命文件上赫然印着王婷的名字。在同事们复杂的眼光里,王婷收拾好自己的东西,迈着悠闲的脚步走进了18层那间豪华的办公室。

这样的结局恐怕没几个人能想到,一个沉静内敛、默默做事的小女孩是怎样征服公司的高层领导呢?可见,"沉静内敛,积聚力量"是一种可喜的内省性格,是一种优美的气质。"沉静内敛,积聚力量"是形成高雅风度的一种内在的力量,它对于减少人与人之间尖锐的对立，发挥了神奇的作用，起到了意想不到的效果。

在我们年年看的青歌赛上，从内行者的眼光来看，一些歌手基本功扎实，嗓音甜美，气质高雅，但缺乏渐入佳境的意识，主要是少了"内敛"的调和。一首曲子，"内敛"有时比"高亢"更能震撼人心，于无声处听惊雷，此时无声胜有声。然而，对于他们来说，"沉静内敛"只是一个参照，更多的时候是为了衬托"高亢"，如果自始至终以"高亢"贯穿，就像绷紧的弦，让听的人大气不敢出，唯恐弦绷断了，这样一来，势必过犹不及，更谈不上美的享受。

一首曲子的处理，大部分的时候用三分嗓子，少部分才用七分，极少部分用十分甚至十二分，这样整首曲子才会富丽堂皇，才会有层次，令人回味无穷。所以说，"沉静内敛，积聚力量"的人往往有一种更深层次的思考与认知能力，那是对自己内在生命的一种省察和对外界人与事物的一种敏锐的感应，以及"一目了然""旁观者清"的洞察力。许多"不鸣则已，一鸣惊人"的人，都是由于他们虽不擅长立即表现，却因此而有机会深思明辨，待时机成熟才公布于世，从而一鸣惊人。

藏锋露拙，该收敛时就收敛

标题这句话是说，即使你有非常出众的才智，也一定要谨记：不要把自己看得太了不起，不要把自己看得太重要，不要把自己看成是救国济民的圣人君子，该收敛时就收敛，夹起尾巴好做人，切勿光芒晃人眼。

聪明的人要懂得在最恰当的时候示弱隐强，做出暂时的退让。这是一种自我保护、自我价值实现的生存之道。锋芒毕露，就要得罪了人，得罪人，阻力就大。因此，露才要适时、适当。

三国时期曹操的著名谋士荀攸，智慧超群，谋略过人，他辅佐曹操征张绣、擒吕布、战袁绍、定乌桓，为曹氏集团统一北方、建立功业，做出了重要的贡献。他在朝20余年，之所以能够从容自如地处理政治漩涡中上下左右的复杂关系，在极其残酷的人事倾轧中，始终立于不败之地，就在于他能谨以安身，避招风雨。曹操有一段话形象而精辟地反映了荀攸的这一特别的谋略："公达外愚内智，外怯内勇，外弱内强，不伐善，无施劳，智可及，愚不可及，虽颜子、宁武不能过也。"可见，荀攸平时十分注意周围的环境，对内对外，对敌对己，迥然不同。参与军机，他智慧过人，连出妙策；迎战敌军，他奋勇当先，不屈不挠。但对曹操、对同僚，却不争高下，表现得总是很谦卑、文弱、愚钝、怯懦。

有一次，他的姑表兄弟辛韬曾问及他当年为曹操谋取袁绍冀州的情况，他却极力否认自己的谋略贡献，说自己什么也没有做。他为曹操"前后谋划奇策十二"，史家称赞他是"张良、陈平第二"，但他本人对自己的卓著功勋却守口如瓶、讳莫如深。他与曹操相处20年，关系融洽，深受宠信，从来不见有人到曹操那里进谗言，加害于他，也没有一处得罪过曹操，使曹操不悦。

建安十九年（214年），荀攸在从征途中善终，曹操知道后痛哭流涕，说："孤与荀公达周游二十余年，无毫毛可非者。"并赞誉他是谦虚的君子和完美的贤人。这都是荀攸避招风雨，精于应变的结果。

俗话说"树大招风""枪打出头鸟"，时时处处显露才华会导致做人和做事的失败，不是智者的所作所为。这里所说的藏锋露拙，并不是要人埋没自己的才能，而是为了保护自己，不导致祸端，从而更好地发挥自己的才能和专长。追求卓越是一种积极的人生态度，但如果一味孤芳自赏，无视周围环境，就会显得格格不入，招人厌恶从百为自己树敌。古往今来，有不少智者、仁人，因为其才能出众，技艺超群，行为脱俗，招来了别人的嫉妒、诬陷，甚至丢了性命。

战国末期韩国贵族韩非(约前286~前233年)与吴起、商鞅的政治思想一致，著书立说，鼓吹社会变革。他的著作流传到秦国，被秦王嬴政(即后来的秦始皇)看到，极为赞赏，设法邀请他到秦国。但才高招忌，入秦后，还未受到重用，就被李斯等人诬陷，屈死狱中。宏图未展身先死，这样，纵使有满腹经纶又何用。如果韩非不是招摇才华，而是谦卑抱朴，等待时机，或另待明主，或婉转上奏，使自己的政治抱负得以施展，相信他并非仅仅是个思想家，而有可能会成为一代名臣巨相。

洪应明的《菜根谭》中说："矜名不若逃名趣，练事何如省事闲。"这句话的意思是说：一个喜欢夸耀自己名声的人，倒不如避讳自己的名声显得更高明；一个潜心研究事物的人，倒不如什么也不做来得更安闲。

藏锋露拙的应变策略，初看起来好像比较消极。其实，它并不是委曲求全，窝窝囊囊地做人。而是通过少惹是非，少生麻烦的方式，给自己展现才华提供更好的平台和宽松的环境，然后使自己的才华和特长得到更好的发挥。

玩"醉拳"的，是"形醉而神不醉"，"醉"只是迷惑对手的手段。人生也是这样，要学会装醉。所谓"花要半开，酒要半醉"就是这个道理。不然，当你志得意满，目空一切的时候，别人已经把你当成了枪靶子、眼中钉。

作为一个有才华的人，要做到不露锋芒，既有效地保护自我，又能充分发挥自己的才华，不仅要战胜盲目骄傲自大的病态心理，更要养成谦虚让人的美德。做人切忌恃才自傲，不知饶人。锋芒太露易遭嫉恨，更容易树敌。当今社会，此理仍然行得通。锋芒太露的人虽容易取得暂时成功，却为自己埋下了危机的种子。所以，才华显露要适可而止。

绝不卖弄，收起你的小聪明

《菜根谭》中说："君子要聪明不露，才华不逞，才有肩鸿任钜的力量。"在我们的生活中，不少人总认为别人是"傻子"，经常卖弄自己的小聪明去戏弄对方。其实，这不仅会招致旁人忌恨，并且也会使自己轻浮自傲。所以，一个人无论身处官场还是商场，都最忌一味地耍小聪明，不管必要或不必要，不管合适不合适，时时处处显露自己的小聪明。那样，不仅不会对你未来的发展有所帮助，反而会成为招灾引祸的根源。有这样一则寓言：

一天，老狮子病了，躺在洞里。森林里很多动物都去探望它，但谁也帮不了它什么忙。有一天，狼对狮子说："狮王，您发现了吗？在您生病的这段时间里，狐狸一直没来看望您。可以看出，他对您一点儿也不关心，而在您身体健壮的时候，他是多么频繁地奉承您呀。"这时，狐狸碰巧走过来，听到了狼的话。狐狸把那长长的赤褐色的鼻子伸得很近："陛下，恐怕狼不大了解情况，我比任何人都关心您。狼在您身边喋喋不休的时候，我一直在四处奔走，为您寻找良药。""找到了吗？"老狮子急切地问。"对，确实找到了。我找到一位医术高明的医生，他说，您必须在身上披一条热的狼皮，这是使您病情好转的唯一办法。"狼还没明白怎么回事，狮子就跳起来把狼咬死了，好得到它那热着的狼皮。"哈哈！"狐狸笑着说，"狼先生，你再也不能挑拨是非了。"

上面的寓言深刻地折射出了生活中的道理：喜欢把别人当傻子、喜欢自作小聪明的人往往会自食其果。 小聪明就是盲目自傲、自以为是、好大喜功的代名词。 伟大的戏剧家莎士比亚说："我宁愿让傻子逗我开心，也不要让精明人令我伤悲。"这句话实在值得我们去深思啊！

东汉末年，曹操的主簿杨修，是一个恃才放旷、卖弄小聪明的人。最终，他因此惹来了杀身之祸。有一次，曹操造了一座后花园。落成时，曹操去观看，在园中转了一圈，临走时什么话也没有说，只在园门上写了一个"活"字。工匠们不了解其意，就去请教杨修。杨修对工匠们说："门内添活字，乃阔字也，丞相嫌你们把园门造得太宽大了。"工匠们恍然大悟，于是重新建造园门。完工后再请曹操验收，曹操大喜，问道："谁领会了我的意思？"左右回答："多亏杨主簿赐教！"曹操虽表面上称好，而心底却很忌讳。

有一天，塞北有人给曹操送了一盒精美的酥（奶酪），想巴结他。曹操尝了一口，突然灵机一动，想考考周围文臣武将的才智，就在酥盒上竖写了"一合酥"三个字，让使臣送给文武大臣。大臣们面对这盒酥，百思不得其解，就向杨修求教。杨修看到盒子上的字，就拿取餐具给大家分吃了。有人问他："我们怎么能吃魏王的东西？"杨修说："是魏王让我们一人一口酥嘛！"在场的文臣武将都为杨修的聪敏而拍案叫绝。而后，曹操问其故，杨修从容回答说："盒上明明写着'一人一口酥'，岂敢违丞相之命乎？"曹操虽然喜笑，而心头却很妒忌杨修。

曹操多猜疑，生怕有人暗中谋害自己，常吩咐左右说："我梦中好杀人，凡我睡着的时候，你们切勿近前！"有一天，曹操在帐中睡觉，故意落被于地，一近侍慌取被为他覆盖。曹操即刻跳起来拔剑把他杀了，又上床接着睡。睡了半天起来的时候，假装做梦，佯惊问："何人杀我近侍？"大家都以实情相告。曹操痛哭，命厚葬近侍。人们都以为曹操果真是梦中杀人，唯有杨修又识破了他的意图，临葬时指着近侍尸体而叹惜说："丞相非在梦中，君乃在梦中耳！"曹操听到后更加厌恶杨修。

曹操出兵汉中进攻刘备，因于斜谷界口，欲要进兵，又怕被马超拒守，欲收兵回朝，又恐被蜀兵耻笑，心中犹豫不决，正碰上厨师进鸡汤。曹操见碗中有鸡肋，因而有感于怀。正沉吟间，夏侯惇入帐，禀请夜间口号。曹操随口答道："鸡肋！鸡肋！"夏侯惇传令众官，都称"鸡肋！"行军主簿杨修见传"鸡肋"二字，便教随行军士收拾行装，准备归程。有人报知夏侯惇，夏侯惇大惊，遂请杨修至帐中问道："公何收拾行装？"杨修说："以今夜号令，便知魏王不日将退兵归也，鸡肋者，食之无味，弃之可惜。今进不能胜，退恐人笑，在此无益，不如早归，来日魏王必班师矣。故先收拾行装，免得临行慌乱。"夏侯惇说："公真知魏王肺腑也！"遂亦收拾行装。于是寨中诸将，无不准备归计。曹操得知此情后，唤杨修问之，杨修以鸡肋之意对。曹操大怒说："你怎敢造谣言，乱我军心！"于是命刀斧手推出斩之，将首级吊于辕门外。

我们要从"杨修之死"中吸取深刻的教训：耍小聪明虽然可以使人得意于一时，获得心理上的满足，但永远不会取得真正的、伟大的成就。 在人际关系复杂的现代社会里，不要一味耍小聪明，炫耀自己的才能，必须懂得低调处世的大智能，才不至于遭妒、吃亏。

淡化优势，聪明人绝不自招忌妒

低调一点，谦和为人，再辅以才能，想不成功都难。低调者取得一些成功后，他们从不恃才放旷、目中无人，这样既能显露才华，又能不招妒忌，这才是为人处世、人际交往之上策。

一个人如果取得了一定的成功，遭到别人的嫉妒是不可避免的，但低调的人绝不自招忌妒。自招忌妒，其实也就是在为自己树敌。由自招忌妒而树敌，这"敌"比通常意义上的"敌"还可怕，因为他们常常是隐藏在暗处的，他们是难以对付的。有些人表面上和你一团和气，其实在暗地里却因为嫉妒你而给你下"绊子"。即使你知道他的存在，却不知道他会在在哪里下陷阱，等你掉入陷阱之后，也许你精心筹划的事业已经付诸东流了。所以，一个低调的人，虽然知道遭人忌妒是免不了的，但决不自招忌妒，他们会收敛起锋芒，掩饰起才华。

郑庄公准备伐许。战前，他先在国都组织比赛，挑选先行官。众将一听露脸立功的机会来了，都跃跃欲试，准备大显身手。

第一个项目是击剑格斗。众将都使出浑身解数，只见短剑飞舞，盾牌晃动，斗来冲去。经过轮番比试，选出了六个人来，参加下一轮比赛。

第二个项目是比箭，取胜的六名将领各射三箭，以射中靶心者为胜。前几位有的射中靶边，有的射中靶心。第五位上来射箭的是公孙子都。他武艺高强，年轻气盛，向来不把别人放在眼里。只见他搭弓上箭，三箭连中靶心。他昂着头，瞟了最后那位射手一眼，退下去了。

最后那位射手是个老人，胡子有点花白，他叫颍考叔，曾劝庄公与母亲和解，庄公很看重他。颍考叔上前，不慌不忙，"嗖嗖嗖"三箭射击，也连中靶心，与公孙子都射了个平手。

只剩下两个人了，庄公派人拉出一辆战车来，说："你们二人站在百步开外，同时来抢这部战车。谁抢下，谁就是先行官。"公孙子都轻蔑地看了一眼对手便开始行动。哪知跑了一半时，公孙子都却脚下一滑，跌了个跟头。等爬起来时，颍考叔已抢车在手。公孙子都哪里服气，提了长枪就来夺车。颍考叔一看，拉起来飞步跑去，庄公忙派人阻止，宣布颍考叔为先行官，公孙子都怀恨在心。

颍考叔果然不负庄公之望，在进攻许国都城时，手举大旗率先从云梯冲上许都城头。眼见颍考叔大功告成，公孙子都嫉妒得心里发疼，竟抽出箭来，搭弓瞄准城头上的颍考叔射去，一下子把没有防备的颍考叔射死了，从城头栽了下来。

看来，颍考叔是不懂"低调"的道理。作为一个有才华的人，要做到不自招忌妒，既有效地保护自我，又能充分发挥自己的才华，不仅要战胜盲目骄傲自大的病态心理，凡事不要太张狂、太咄咄逼人，更要养成谦虚让人的美德。即使像颍考叔这样的一军统帅，也因自招忌妒而丧命，实在是可惜。如果颍考叔能谦让一点儿，低调一点儿，虽然赢了公孙子都而给他留一些面子，那就绝不会因此而丧命。

王亮是一个国家机关的普通公务员，王亮做事和做人都是踏踏实实的。平时工作，他从不迟到早退，对于额外的工作安排，他从不计较。王亮和人相处既不亲密也不疏远，机关里的同事们对他很有好感。业余时间，王亮悄悄地钻研他钟爱的盆景艺术，并化名投稿，成绩还不错，可他从不在单位上透露，他觉得没必要自招忌妒。

有一天，王亮被领导叫去单独谈话了，领导是要他去当办公室主任，没想到王亮却不胜惶恐地摇头说："谢谢领导的关心，但做了官，必然会得罪人，我很怕面对上级的压力和同事及亲友们的责难，到时候我会睡不着觉的，真要为我好的话，就免了这份打算，让我多活几年吧。"但领导已铁定了心，王亮只得硬着头皮上。

上级交代的事，王亮总是及时下达，同事们不理解，他尽量讲解；同事们有抵触情绪，他索性跟着去一起干；同事们有什么要求，他尽量反映；有什么不满，他也尽量安慰和解释，有时甚至干脆牺牲自己来将就别人。但对于超出政策的事，不论是来自上级还是下级，他都拒绝。

一年下来，王亮虽然成绩不突出，但对得起上上下下。领导和同事们也认为他虽然不能使大家很满意，但也过得去了。到了换届，新领导觉得王亮太没开拓性，也没立场，便让他下了，安排了自己带来的人。有人替王亮鸣不平，而王亮却欢呼自己解放了，还去买了酒来庆贺，气得老婆说他活该贱命，后悔自己当初怎么那么"近视"。

接下来，王亮甚至连工作也不要了，老婆差点吐血。等王亮拿出了新房的钥匙和新存折后，老婆才转怒为惊了，审问道："说，这房子和钱是哪来的！是不是贪污的？"王亮老实交代说："这都是我业余帮人弄盆景得来的，如今你老公的盆景艺术已达到大师级水平了，有证书为据呢。"老婆看了证书，才知道这是真的。之后，王亮的老婆也辞职了，两口子经营着一个盆景园，货好价廉，生意不错。后来，王亮索性卖掉盆景园，做起了几个园艺场的顾问。这既能赚钱，又能修身养性，真是一个不错的工作。

像王亮这样才智出众又不外露的低调者，在现实生活中已经不多了。老子曾经说过："良贾深藏若虚，君子盛德，容貌若愚。"即善于做生意的人，总是隐藏他的宝货，不轻易叫人看见；君子之人，品德高尚，容貌却显得愚笨拙劣。低调者知道取得成功是好事，但不能作为炫耀的资本，以免刺激他人，徒然增加他人的嫉妒情绪。低调者的做人姿态放得很低，对人谦和礼貌，居高位而不自傲，并在合适的时候显露出无伤大雅的短处，增加亲和力，但从不显得与众不同，高高在上。

一个人，锋芒太盛了难免灼伤他人。想想看，当你将所有的目光和风光都抢尽，却将挫败和压力留给别人。那么，别人在你光芒的压迫之下，还能够过得自在、舒坦吗？因此，有才却不善于隐匿的人，往往会招来更多的嫉恨和磨难。曹植锋芒毕露，文名满天下，最终却给自己带来了灾祸。这难道是他的初衷吗？他只是不知道收敛罢了。因此，在名利场中，要防止盛极而衰的灾祸，必须牢记"持盈覆满,君子兢兢"的教诫。

　　唐人孔颖达,字仲达,8岁上学,每天背诵1000多字。长大后,他很会写文章,也通晓天文历法。隋朝大业初年(581年),他举明高第,被授博士。隋炀帝曾召天下儒官,集合在洛阳,令朝中士与他们讨论儒学。颖达年纪最小,道理却说得最出色。那些年纪大、资深望高的儒者认为颖达超过了他们是耻辱,所以便打算暗中刺杀他。颖达躲在杨玄感家里,才逃过这场灾难。到唐太宗时,颖达多次上诉忠言,因此得到了国子司业的职位,后又拜祭酒之职。太宗来到太学视察,命颖达讲经。太宗认为讲得好,下诏表彰他。但后来,他却辞官回家了。

　　同样的,东晋王导的孙子,南朝刘宋王僧虔也曾有过类似的经历。宋文帝时为太子庶子,武帝时为尚书令。年纪很轻的时候,僧虔就以擅长书法闻名。宋文帝看到他写在白扇子上面的字,赞叹道:"不仅字超过了王献之,风度气质也超过了他。"当时,宋孝武帝想以书名闻天下,于是,僧虔便不敢露自己的真迹。大明年间,他曾把字写得很差,因此才平安无事。

当你把别人比下去时,就给了别人忌妒你的理由,为自己树立了敌人。 所以,在与人逞强之前请三思。
　　当然,如果你确实有真才实学,又有很大的抱负和理想,不甘平庸,那么,你可以放开手脚大干一场,但有一点你必须注意,即时刻提防周遭的嫉妒。 要想使自己免遭嫉妒者的伤害,你需要注意自己的言行，尽量不要刺激对方的嫉妒心理。 对于你周围的嫉妒者，你要回避而不宜刺激。 同事的嫉妒之心就像马蜂窝一样，一旦捅它一下，就会招致不必要的麻烦。 既然忌妒是一种不可理喻的低层次情绪，也就没必要去计较你长我短、你是我非，更不必针锋相对。 须知，这不是学术讨论，更不是法庭对峙，你的对手不会用"逻辑""情理"或"法律依据"与你争锋。 嫉妒之人本来就不是与你处在同一档次上，因而任何"据理力争"都只会使你吃亏，它不仅会降低你的档次，还会浪费你的时间，让你虚掷精力。 因此，最佳的应对方式是胸怀坦荡、从容大度。 对出于忌妒的种种"雕虫小技"，你完全可以视而不见、充耳不闻，以更为出色的成绩来证实所受的认可是完全公正的。

因此，一个懂得做人的人知道，当自己的人生处于得意之时，千万不能忘形，千万别将得意之色在那些此时正处于低谷的人面前显露。 这样，你才能不伤人，也不会被伤。 得意到了狂妄的地步，整个人都飘到了半空中，就很容易摔下来，而且会摔得很惨。 乐极生悲的例子总是屡见不鲜，因此，在得意之时，要记得提醒自己保持头脑清醒。

有些人因为顺境连连而甚感欣慰，愉悦之情不时流露于脸上。 然而，不能只是高兴，应该想想怎么才能维持好运，永远保持成功。

在得意之时，请压抑自己过度张扬的欲望，多一点儿谦虚，少一些自我炫耀。 这样，才能让自己的人生少一些阻碍，多一些平顺。 那么，我们又该怎样来降低别人的嫉妒之心呢？

以下是低调者有效淡化自己优势、降低别人嫉妒心的一些技巧：

1. 言及自己的优势时，谦和有礼

人处于优势自是可喜可贺的事，加上别人一提起、一奉承，更是容易喜形于色，从而在无形中加强别人的忌妒和厌恶心理。所以，面对别人的赞许恭贺，应谦、虚心。这样，不仅能显示出自己的君子风度，淡化别人对你的忌妒，而且能博得人们对你的敬佩。

"王明，你毕业一年多就提了销售主管，真棒啊！"在外企工作的朋友小李十分钦佩地说。"没什么，老兄你过奖了。主要是我们这儿水土好，领导和同事们抬举我。"王明见同一年大学毕业的张俊也在办公室里，便压抑着内心的喜气，谦虚地回答。张俊虽然也嫉妒王明的提拔，但见他这么谦虚，气也顺了不少，也就笑盈盈地主动招呼王明的朋友小李："来玩了？请坐啊！"

不难想象，王明此时如果说什么"凭我的水平和能力早可以提拔了"之类的话，那么，必会使张俊非常忌妒自己，他要能与王明和睦相处才怪呢？

2. 突出自身的劣势，故意示弱

如同"中和反应"一样，一个人身上的劣势往往能淡化其优势，给人以"平平常常"的印象。当你处于优势时，注意突出自己的劣势，就会减轻嫉妒者的心理压力，让他产生一种"哦，他也和我一样无能"的心理平衡感，从而淡化乃至免除他对你的嫉妒。

比如，你是大学刚毕业的职场新人，却能对该行业表现出准确精深的把握，显示出锐不可当的势头，这无形中就会引发他人对你的强烈忌妒。这时，你若坦诚地公开、突出自己的劣势：工作经验一点儿都没有，再辅以"希望同事们多多指教"的谦虚话，无疑会有效淡化自己的优势，衬出对方的优势，减轻、弱化他人对你的忌妒。

3. 不在同事、朋友面前特意夸奖优势者

显然，谁都希望处于优势而得到他人的夸奖，但事实上总会有悬殊的差别。当同事、朋友各方面条件都差不多时，其中有人处于优势，别人若不提及，有时还不觉得。但一旦有人提起，其他人听了就不好受，难免会妒火中烧。所以，作为不会对此忌妒的旁人，一定不要在优势者的同事、朋友等人面前特意夸奖。否则，这不仅会引发和加强其对优势者的忌妒，还可能使其同时妒忌你与优势者的"密切关系"，并认为你这是故意打击他。

某单位宣传部干事小张在较有影响的报刊上发表了几篇理论文章。团委小高在工会宣传部干事小王面前羡慕地夸奖道："小张真不错，最近又有一篇文章在某某刊物上发表了！"小王顿时敛住笑容，酸溜溜地说："他有那么多闲工夫，发表两篇文章有什么了不得啊？哼！"小高见状，自知失言，让小王觉得挂不住脸了，只好尴尬地点头笑了笑，走出工会办公室。这里，小高就是犯了大忌：在可能产生嫉妒的敏感区偏偏又增添了引发忌妒的"发酵剂"。

4. 不在同性中谈及敏感的事情

女性之间的忌妒多半因容貌而起。女人爱忌妒，忌妒可以说是女人的明显特征之一。而女人又往往因为容貌姿色才处于优势。所以，女人对容貌、衣着以及风度气质所带来的爱情生活、夫妻关系等相当敏感，很容易产生忌妒。比如，一个姑娘因有一张漂亮的脸蛋而被不少小伙子包围着，那些容貌平平、没有人追求的姑娘自然会对她产生忌妒。这时，你作为男性，千万不要在女性之间当面夸赞其中某一姑娘："某某真靓！""某某真会穿衣服！"这不仅会引起其他女性的忌妒，而且会让她们对你产生一种莫名的敌意。

男性之间的忌妒大多因名誉、地位、事业所致。男人对社会活动能力、工作业绩、创造手段等最为关注，也最易导致相互忌妒。因此，在男性之间，作为女人的不宜当众评头论足，说："某某真能干！""某某真有钱！"尤其作为妻子，更不能有所比较地奚落自己的丈夫："你看人家小强跟你同一年毕业，都升经理了，你还在这儿半死不活地耗着！"否则，就是再敦厚的人也会生出对他人的忌妒之心来，从而导致家庭、邻里、同事之间关系的僵化和冷漠。

学会淡化别人的嫉忌心理，将有利于促进同事、朋友、邻里及多种范畴内的人际关系有助于彼此减少敌意和隔阂。

5. 强调获得优势的"艰苦历程"，以淡化忌妒

通过艰苦努力所取得的成果很少被人忌妒，如果我们处于优势确实是通过自己的艰苦努力得到的，那么，不妨将此"艰苦历程"诉诸他人并加以强调，以引起同情，减少忌妒。

比如，在朋友、同事还未买房的时候，你却先买了。为了免受"红眼"，你可以这么说："我买这房子可不容易。你们知道我节衣缩食积攒了多少年吗？整整八年啊！辛苦啊！我们夫妻俩都是低工资，一毛钱一毛钱地攒，连场电影都舍不得看，太难了………"听了这些话，对方就很难产生嫉妒之心。相反，或许还会报以钦佩的赞叹和由衷的同情。

拒绝傲慢，拥有谦虚的态度

谦虚不是故意贬低自己，也不是虚伪应付。谦虚的态度是基于对自己深刻的认识，是发自内心的真诚。无论在什么场合下，只要你谦虚、不傲慢，低调行事，都会赢得别人的尊重和信任。

中国人自古以来就把谦虚作为最为可贵与美好的品德之一。所谓的谦虚，即虚心而不自满。不自满，便能经常保持一种似乎不足的状态，因而能获得更大的、更多的益处。"满招损，谦受益"，自满将招来祸患，而谦卑则能得到长远的好处。

谦卑是一种低姿态，不仅对一般的人有用，对处于高位的人更为有用。《易经·谦卦》中说："谦尊而光。"即尊者有谦卑的美德，更能使人光明盛大。但凡有作为的人，常用谦卑来培养自己的道德品格与指导人生的方向。

沙皇亚历山大常常到俄国四处巡访。一天，他来到一家乡镇小客栈，为进一步了解民情，他决定徒步旅行。当他穿着没有任何军衔标志的平纹布衣走到了一个三岔路口时，他发现自己记不清哪条是回客栈的路了。

这时，亚历山大看见有个军人站在一家旅馆门口，于是，他走上去问道："朋友，你能告诉我去客栈的路吗？"

那军人叼着一支大烟斗，高傲地把这身着平纹布衣的旅行者上下打量了一番，傲慢地答道："朝右走！"

"谢谢！"亚历山大又问道，"请问离客栈还有多远！"

"一英里。"那军人傲慢地说,并瞥了他一眼。

亚历山大走出几步又停住了,回来微笑着说:"请原谅,我可以再问你一个问题吗?如果你允许的话,能告诉我你的军衔是什么吗?"

军人猛吸了一口烟说:"你猜。"

亚历山大风趣地说:"中尉?"

那军轻蔑地瞥了亚历山大一眼,意思是说不止中尉。

"上尉?"

军人摆出一副很了不起的样子说:"还要高些。"

"那么,你是少校?"

"是的!"他高傲地回答。于是,亚历山大敬佩地向他敬了礼。

军人摆出对下级说话的高贵神气,问道:"假如你不介意,请问你是什么军衔?"

亚历山大乐呵呵地回答说:"你猜!"

"中尉!"

亚历山大摇头说:"不是。"

"上尉!"

"也不是!"

军人走近仔细看了看说:"没想到你也是少校!"

亚历山大镇静地说:"继续猜!"

军人取下烟斗,那副高贵的神气一下子消失了。他用十分尊敬的语气低声说:"那么,你是部长或将军!"

"快猜着了。"亚历山大说。

"殿……殿下是陆军元帅吗?"对方结结巴巴地说。

亚历山大说:"我的少校,再猜一次吧!"

"皇帝陛下!"那军猛地跪在亚历山大面前,忙不迭地喊道,"陛下,饶恕我!陛下,饶恕我!"

"饶恕你什么?朋友。"亚历山大笑着说,"你没伤害我,我向你问路,你告诉了我,我还应该感谢你呢!"

亚历山大的谦虚态度,赢得了下级更深的敬佩。低调的人,即使身份显赫也能谦虚地对待周围的朋友,他们平易近人,把自己融入民众当中,也因此得到了大家发自内心的尊敬。

一般来说,在事业尚未取得胜利和取得较小胜利的时候,一个人保持谦虚的态度还是比较容易的,而在取得较大胜利或较大成就的时候,继续保持谦虚的态度就困难得多了。胜利和成就,本来是好事,是值得欢欣和庆祝的事,但我们应当清醒地看到,在胜利的激流中,许多时候都暗藏着一堆骄傲的暗礁,如果不警惕,它们往往就会把前进的船只撞碎。胜利者在取得伟大成就后仍然保持谦虚,这是最大的英明,也是我们从一个胜利走向另一个胜利和立于不败之地的重要保证。一个真正懂得低调的人,必然是一个谦虚的人,这样的人终将大有作为。

谦和待人，就容易收服人心

低调是发自内心对别人的诚意和尊重，是赢得别人认可的最好方法，这不是金钱和地位所能打动的。低调不仅可以使人在为人处世中少走弯路，赢得人心，也为低调者将来的发展形成了良好的人际关系，因此会受用无穷。

如果一个有成就的人，能够放低自己的姿态，把自己置身于与其他人平等的氛围中，谦卑、礼貌地对待别人。那么，便多了一份收复人心的资本，就有可能为自己的事业招揽到更多优秀的人才，还会赢得尊重。刘备三顾茅庐以求孔明，信陵君闹市驾车为侯赢，善于用人者越是低调，越是谦和，越容易收服人心、招揽人才，从成就一番伟业。

三国时期，皇叔刘备本是一个无名小卒，但是他懂得尊重人才，常常放下尊贵的身份，礼贤下士，结交有才能的人。刘备的低调为他聚了人气，收了人心，最终三分天下有其一。他的一生无时无刻不体现出这一点。

当时，徐庶因为母亲被曹操接走，不得已离开了刘备。临走时，他向刘备举荐了一位能人，那就是诸葛亮。徐庶和司马徽二人都说诸葛亮很有学识，是一个治国安邦的贤才。于是，刘备就和结义兄弟关羽、张飞带着礼物到隆中（今湖北襄樊市，一说为卧龙岗，位于今河南南阳城西）去请诸葛亮出山。

为了请诸葛亮出山，刘备带着关羽和张飞先后拜访了诸葛亮三次，前两次连诸葛亮的人都没见着，无功而返。在第三次拜访的时候，才见到了诸葛亮。刘备发自内心的诚意，以及对诸葛亮所表现出来的尊敬深深打动了诸葛亮，最终，他答应出山辅佐刘备。

那时，刘备身份显赫尊贵，而诸葛亮只是一个普通的读书人而已，而且并没有显露什么了不起的才能。因为听了徐庶和司马徽的话，刘备就不辞劳苦，三顾茅庐，用至诚的精神，十足的敬意，终于请得诸葛亮出山辅佐自己。最终，刘备的诚意换来了诸葛亮一生的"鞠躬尽瘁，死而后已"。

刘备尊敬名士的态度不仅让他得到了诸葛亮的倾力帮助，同时也帮他获得了大批人才与机会。例如，他折节下交益州名士张松，从而一举平定西川，成就霸业。

张松是益州名士，虽然身材矮小、相貌丑陋，但却很有才华，智谋非凡。他本是西川刘璋手下的官员，但早有辅佐明主成就一番大事的雄心，于是暗中画了一幅西川地图，把蜀中的山川险要、府城县乡等重要的地方都一一做了标记，准备寻找明主。

刚开始，张松觉得曹操是个很了不起的人物，于是，在一次去许都见曹操的时候就暗中把西川地图带上，准备献给曹操。不料，曹操见张松相貌丑陋，身材矮小，言语无礼，并没有热情接待他。为人傲气的张松见曹操根本不把他放在眼里，就打消了把地图献给曹操的念头。后来，曹操邀请张松前去观看曹军演练。曹操自夸军容鼎盛，问西川是否有这样的军队。张松说，西川没有这般军队，但是他并不示弱，以曹操濮阳攻吕布、宛城战张绣、赤壁遇周郎、华容道逢关羽、割须弃袍于潼关这些败绩来讥讽他。曹操见张松揭了自己的短处,自然心中很不高兴,就下令将张松逐出许都。

受挫而归的张松没有灰心,他转道去了荆州,想投靠刘备。当他刚到荆州边界的时候,便被刘备的高级将领赵云接待,随后刘备的结义兄弟关羽也前来为他设宴接风,这让张松很受感动。之后,刘备带着军师诸葛亮、谋士庞统等人亲自来迎接张松,一连设宴款待了他三天。

刘备的盛情把张松感动了,于是,他铁下心来帮助刘备谋划,还极力劝说刘备去攻取西川,说他愿意做刘备的内应,并把所带的西川地图献给了刘备,还把好友法正、孟达推荐给刘备,说他们德才兼备,可以委以重任。尤其是法正,对刘备以后的事业起到了举足轻重的作用。

在上面的两件事例中,正是由于刘备为人低调,才聚拢了人气,获得了诸葛亮、张松等人的忠心,使他们甘愿为他效力。

平易近人，才能赢得尊敬与爱戴

平易近人，心系普通之人，这是身居高位之人的可贵之处，也是他们做人做事的大智慧。这种低调的行为，表现了他们高尚的品质，也使他们赢得了人们的尊敬和爱戴。

低调者即使身居高官显位，手握大权，却能以"大丈夫见义勇为，祸福不足以动摇"自戒，较少考虑个人的进退荣辱。周总理就是这样高尚的人，他一生清贫廉洁，几十年如一日，忠于职守，深察民间疾苦，为百姓做了很多好事，一直为后人所称颂和赞扬。

1954年的一天，周总理收到了来自基层的反映说："北京的公共汽车很拥挤，我们普通老百姓坐车很困难。"总理准备亲自去体验一下，这天下午五点多钟，正是人们下班的时候，周总理对秘书和卫士说："群众反映现在坐公共汽车很拥挤，等车要一两个小时，现在咱们去了解一下情况，你们不要通告保卫部门。"

周总理和秘书、卫士一行三人来到北京图书馆附近的汽车站。周总理发现，人确实很多，等大家都上了车，总理才最后上去。车里人很多，已经没有座位，周总理往车里走了走，抓住吊环，汽车开动了。一开始，人们都没有注意。过了几分钟，一位乘客发现了总理："哎呀！这不是周总理吗？"顿时，车里沸腾起来，许多人站起来给总理让座，不少人往他身边挤，有的人还把手伸过来要和总理握手。秘书和卫士都非常着急,怕总理被挤倒。周总理却挥着手,大声说:"请坐,请坐!"这时,一位乘客挤过来,握着总理的手激动地说:"总理,您那么忙,怎么还来坐公共汽车?"周总理笑着说:"我也来体验一下你们的生活嘛!"有的乘客非要让总理坐下,但总理却坚决不肯,一直站着和大家亲切地说着话。总理问他们在哪儿工作,住在哪里,生活怎样,每天上下班坐车要多少时间。车走了几站以后,周总理的秘书和卫士都劝总理下车,他们说:"情况就是这样的,总理,我们回去吧!"但总理还要坚持坐下去,下了车以后,总理又上了无轨电车,在寒冷的夜晚走了大半个北京城。

在所有的情况搞清楚了后,总理很快召集有关部门的同志,让他们研究解决交通拥挤的办法,保证普通百姓的顺利出行。

周总理身居高位,却心系百姓。他关心每个普通人,所以,他才得到了千万人民的爱戴。每个受人民爱戴的伟人,同时又都是"人民的一员"。

帕尔梅是国际上颇负盛名的政治家,他在年仅42岁时就出任了瑞典的首相,成为当时欧洲最年轻的首相。此后,他连选连任,一直领导了三届社会民主工人党组阁的政府。在帕尔梅前后长达11年的执政期内,他为发展瑞典经济,加强瑞典国防和提高瑞典在国际上的地位做出了杰出的贡献。

帕尔梅位居一国首相之尊,但他生活十分简朴,平易近人。他曾骄傲地对法国记者说:"我真可怜密特朗总统,他没有一点儿个人自由,他每走一步路,都是由25名警卫人员跟随保护。而我,只有当身边没有一个警卫人员时,才感到最自由自在。"除了正式出访国外或特别重要的国外活动,帕尔梅首相去国内参加任何会议、访问、视察和私人活动时,一向很少带随行人员和保卫人员。

有一次,他去参加在美国举行的一个重要国际会议,他没有带任何随行保安人员,竟独自一人乘坐出租汽车去机场。当他走进会场时,人们甚至没有发现他,直到他安静地在插有瑞典国旗的座位上就座时,人们这才恍然大悟,发现了他的光临,并起立鼓掌、热烈欢迎。此外,他还时常独自微服私访,去学校、商店、厂矿、林区视察,找学生、店员、工人谈话,了解情况,听取意见。无论是在竞选的群众集会上、记者招待会上,还是接待国宾的活动中,他给人的印象总是那么谦和、朴实无华。

由于他谈吐文雅,态度诚恳,又没有前呼后拥的威势,因此,普通瑞典老百姓都喜欢同他接触。在一次竞选的群众集会上,他刚讲演完毕,一位退休的老人就拉着他的手,讲述自己对养老金问题的看法,他耐心地听着,一直等到老人讲完,他才点头作答。

另外,帕尔梅还以通信的方式,同国内外许多普通人建立了密切的联系。他在位时,每年平均收到的信件有1.5万封之多,其中1/3来自国外。他专门雇请了四名工作人员及时拆阅、处理和答复这些信件,对于助手们经过仔细斟酌起草的回信,帕尔梅通常要从头至尾亲自过目,然后签发。通过大量的信函，他进一步了解了公众的情绪和要求，并同许多经常给他写信的"笔友"建立了友谊。他甚至还经常提醒工作人员在这些人过生日时给他们寄贺信。有时，在结束各地的演讲回来之后，他会因见到某一位专门给他写信的"笔友"而显得特别高兴。

帕尔梅经常带家人到法罗岛去度假，他同那里的居民也建立了亲密的关系。小岛上的许多人都认识他。他在那里常常一人骑自行车去小镇上买东西，去海滨游泳或散步，有时还帮助他的房东铡草、喂羊、劈柴。他的房东阿克塞尔说："自从他1963年租借了我的一幢两层小楼作为度假别墅以来，我们就成了好朋友。他每次到岛上来，都同我无话不谈，有时还帮我干些杂活，我们就像是一家人一样呀。"

帕尔梅虽然位高权重，但他平易近人，心系百姓，凡事亲力亲为，这不仅不能表明他的卑微，反而证明了他的高尚。 常怀一颗平凡人的心是一种心性，是从卑微处见精神，可谓是"先天下之忧而忧，后天下之乐而乐"。 用低调者这面"怀凡人之心"的镜子一照，多少人的人生不再金碧辉煌，而是黯然失色！

稳重低调，不要自以为是

卢梭说："人是生而自由的，却无处不在枷锁之中。自以为是其他一切的主人的人，反而比其他一切更是奴隶。"所以，我们必须低调处世，抛弃自以为是，避免成为人生的"奴隶"。

自以为是的人往往都是虚荣心很强的人，虚荣心是人类灵魂深处的魔鬼，让人变得沾沾自喜，误以为自己很了不起，无所不能。可事实上并非如此，"天外有天，人外有人"，太高调地宣传自己、炫耀自己，会把自己变成一个只会自吹自擂，却无真才实学的人。低调者不会自以为是，他们有信心而不自傲，有能力而不自大。如果你也想成为一个成功的人，那么，就要有一种低调的心态，抛弃自以为是、盲目自大的毛病。

柯金斯曾经是福特汽车公司的总经理。有一天晚上，公司有个十分紧急的事情，柯金斯要求下属写通告信给所有的营业处。当柯金斯安排一个做书记员的下属去帮助套信封时，那个年轻职员傲慢地说："那有损于我的身份，我可不干！我到公司里来不是做套信封工作的。"柯金斯听后十分愤怒，但是，他平静地对那个年轻职员说："既然做这件事是对你的侮辱，那就请你另谋高就吧！"于是，那个青年一怒之下就离开了福特公司。

在之后的好多年里，那个年轻职员仍然是自以为是，听不进去别人的话。所以，他跑了很多地方，换了好多份工作都觉得很不满意。一次,那个年轻职员静静地思索这些年的经历,他终于知道了自己的过错。于是,他找到柯金斯,诚挚地说:"我在外面经历了许多事情,经历得越多,越觉得我那天的行为错了。因此,我想回到这里工作,您还肯任用我吗?""当然可以,"柯金斯说,"因为你现在已经能听取别人的建议,不自以为是了。"

再次进入福特公司后,那个年轻职员变成了一个很谦逊的人,不再因取得了成绩而骄傲自满,并且经常虚心地向别人请教问题。最后,他也成了一个很有名的大富翁。

越是有涵养、稳重的成功人士,越懂得态度低调。只有那些浅薄地、自以为有所成就的人才会骄傲。汽车大王福特曾说:"一个人若自以为有许多成就而止步不前,那么,他的失败就在眼前。我见过许多人,他们开始时挣扎奋斗,但在他花费无数血汗、使前途稍露曙光后,便自鸣得意,开始松懈,于是,失败立刻追踪而至。跌倒后,再也爬不起来。"美国石油大王洛克菲勒也说:"当我从事的石油事业蒸蒸日上时,我每晚睡觉前,总会拍拍自己的额头说:'如今你的成绩还是微乎其微,以后的路途仍会有险阻,若稍一失足,必导致前功尽弃,因此,切勿让自满的意念搅昏你的脑袋。当心!当心!'"这都是在告诫人们不要自以为是。

其实,要改正自以为是的态度,并不是一件难事,只要记住:即使名人也是普通的人。

英国首相丘吉尔就是一个不自以为是的人。有一天晚上,丘吉尔应邀到英国BBC广播电视台,发表一则重要的演说。因为丘吉尔的车子坏了,所以他出门只能搭计程车了。丘吉尔一招手,有一部计程车开了过来。

"司机先生,可不可以麻烦您载我到BBC广播电台。"丘吉尔客气地说。

计程车司机摇下车窗,伸出头来说:"先生,很抱歉,我不能载您去。请您另外招一部计程车吧!"

"为什么呢?难道您不载客了吗?"丘吉尔疑惑地问。

计程车司机很不好意思地回答:"不是啦!因为BBC广播电台太远了,如果我载您去,那么,我就来不及回家打开收音机,收听丘吉尔的演讲了。"

丘吉尔听了之后,感动地从口袋里掏出五英镑交给司机。司机看到丘吉尔给他那么多钱,一时兴奋地叫着,"先生,上来吧!我载您去BBC广播电台吧!"

"那么,您将无法收听到丘吉尔的演讲了!没关系吗?"丘吉尔诧异地问。

计程车司机打开后车门,说了句:"去他的丘吉尔,现在您比他的演讲重要多了。"

自那以后,丘吉尔首相每回演讲,他都会讲述这个故事。因为丘吉尔要借机时刻提醒自己:千万不能自以为是。因为,这样是经不起人生考验的,会让自己成为一个空只有虚名的名人。

我们要认清这一点:人们都不喜欢那些自以为是的人。 自以为是将会使与你接触的人们个个感觉头痛,从而对你有一个不良的印象。 如果你也不愿意别人这样地看待你,那么,最好的办法就是关注自己的行为，不矫揉造作，不故意炫弄，以此来获得别人的喝彩。 德国作家托马斯·肯比斯说："一个真正伟大的人是从不关注他的名誉高度的。"一个人不要因为自己的一点儿成就而自以为是，也不要因为贪恋虚荣而自以为是，而要脚踏实地地去干一番事业，通过自己的奋斗，创造出属于自己的未来。

Part 4

审时度势,灵活机变才能掌控局势

通权达变，做人不要太固执

曾有人问孟子说，依礼制，男女之间连亲手递接东西都不可以，那么，要是一个人的嫂子掉进水里，他可以用手去拉她吗？

孟子说，若嫂子掉进水里，不去拉她，那简直就是豺狼。男女之间不亲手递接东西，这是礼制。但礼制也应根据实际情况加以变通，嫂子落水而伸手援救，这就是一种变通。

百里奚在虞国时，晋人用美玉、良马向虞公借路去攻打虢国。虞国大臣纷纷劝说虞公不要应允，唯独百里奚不去劝，因为他知道虞公不会听从任何人的劝阻，劝也无用。所以，他并不死守在虞国，而是去辅助秦国，因为他知道虞国无道，注定失败，而秦穆公才是一位可以与之有所作为的人。

孟子不但没用儒家的观点去批评百里奚的背信弃义、投敌叛国，反而对他大加赞赏，并说："像百里奚这样的人才是真正的聪明人。"还说："有德行的人，也不必句句都讲诚信，行动也不一定要贯彻始终，只要是与义同在，仗义而行就行了。"

从上面的例子可以看出，孟子所倡导的"权变"思想，主要是为了起到"通"与"达"的作用。即对人们行为的一种取舍，要求人们知法度而不拘泥于法度，明事理而不淤滞于事理；知进退，善变通；允中厥，不极端；动静相宜，行止有度。所以，孟子既反对杨子的连拔一根汗毛而有利于天下都不肯干的"为我"思想；也反对墨子的过分节俭，摩秃头顶，走破脚跟，只要有利于天下什么都肯干的"兼爱"主张。他认为，即使主张"中庸"之道，也要懂得"变通"之法而不可固执于一端，因为过分执于一端而废弃其余，最终是会有损于仁义的。

孟子的这种"通权达变"的处世方式，实为人生道路上不可或缺的一种掌控手段。人生于世、行于世，本来就是一场非常艰巨而严峻的考验，并且世间万物纷然而庞杂，难以一概而论。虽然从人生的进取层面来看，为人自然应该战战兢兢，如履薄冰，如临深渊。但在具体的实际行动中则应遵循"权变"的原则，不应执于一端，否则东向西望难见西墙。世事的复杂，时势的多变，要求人们在不同的情况下采取不同的应对措施，唯有灵活掌握"权变"的通达，才能真正做到进退自若。

种子落在土里长成树苗后最好不要轻易移动，一动就很难成活。而人就不同了，人有脑子，遇到了问题可以灵活地处理，用这个方法不成就换一个方法，总有一个方法是对的。做人做事要学会变通，不能太死板，要具体问题具体分析，前面已经是悬崖了，难道你还要跳下去吗？不要被经验束缚了头脑，要冲出习惯性思维的樊笼。执着很重要，但盲目执着是不可取的。人生充满着变化，即使是相同的事件，在不同人的身上发生，也会有不同的感受与发现。所以，不要用听说或看见来表露自己的感同身受。唯有亲自经历，才能得到真正的体验，才能从这样的经验中，得到真正的启发，让自己更加懂得变通。

变通是生活中不可缺少的智慧。善于变通的人能够认识到什么是机会，并及时采取行动抓住机会。变通能力需要以人的洞察力和行动力为武器,要时时与自身固执的心态做斗争。成功和失败,只在一线之间。那要如何让自己从失败转变为成功呢?只要懂得如何变通,就能成功。在处理问题时,我们总是习惯性地按照常规思维去思考,如果我们学会灵活变通,那么,你会发现"柳暗花明又一村"。

对于一个人来说,自身修养的一个最高境界是:择善而固执。然而,固执易,而择善难。纵观世上的历史与现实,固执择善者少,而固执择恶者却不乏其人。固执不能择善而择恶,那就很危险了。原本就能够得以补救的事情,却因为自身的固执而变得无法逆转。

在很早以前,有两个年轻人,一个叫小山,一个叫小水,他们同住在一个村庄里面,是最要好的朋友。由于居住在偏远的乡村谋生不易,他们就相约到很远的地方去做生意,于是都把田地变卖,牵着驴,带上自己所有的财产远行了。

他们首先抵达了一个生产麻布的地区,小水就对小山说:"在我们的故乡,麻布是一种非常值钱的东西,我们把所有的钱换取麻布,带回故乡,一定会有利润的。"小山同意了,于是他们两个人各自买了麻布细心地捆绑在驴子背上。

走了几天,他们到达了一个盛产毛皮的地方,那里也正好缺少麻布,小水就对小山说:"毛皮在我们故乡是更值钱的东西,我们把麻布卖了,换成毛皮,这样做不但能够把我们的本钱收回来,同时,返回乡之后还能有很高的利润！"

小山说："不了，我的麻布已经非常安稳地捆在驴背上，要搬上搬下是一件多么麻烦的事啊！"

于是，小水把麻布全换成毛皮，还多赚了一笔钱。但小山依然只有一驴背的麻布。

他们又走到一个生产药材的地方，那里天气苦寒，正缺少毛皮和麻布，小水就对小山说："药材在我们故乡是更值钱的东西，你把麻布卖了，我把毛皮卖了，换成药材带回故乡一定能赚大钱的。"

小山拍拍驴背上的麻布说："不了，我的麻布已经很安稳地捆在驴背上，何况已经走了那么长的路，卸上卸下实在太麻烦了！"后来，小水就把自己所拥有的毛皮都换成了药材，又赚了一笔钱。而小山却依然只有一驴背的麻布。

后来，他们又来到一个盛产黄金的城市，那个充满金矿的城市是个不毛之地，非常欠缺药材，当然同时也十分缺少麻布。小水就对小山说："在这里，药材和麻布的价钱很高，黄金非常便宜，但我们故乡的黄金却十分昂贵，我们为何不把药材和麻布换成黄金，这样，一辈子就不用为吃穿而发愁了。"

小山又一次拒绝了："不！不！我的麻布在驴背上很稳妥，我不想把它们变来变去呀。"于是，小水卖了药材，把它们换成一批黄金，又赚了一笔钱，可小山还是守着一驴背的麻布。

最后，他们两人都回到了自己的故乡，小山卖了麻布，只得到了蝇头小利。而这次远行对于小水来说，他不但带回来了一大笔的财富，还把黄金卖了，便成了当地最大的富豪。

固执的小山，在这个故事中是个不折不扣的"笨蛋"，他只是在愚蠢地固守着自己的"原则"，没有在时机适合的时候适当地做出改变，结果，他还是原来贫穷的小山，而小水却因原则的改变，变成了一个富人。可见，过分固执是一件十分可笑的事情。

随机应变，做人做事要机敏灵活

古书称"随机应变，则易为克殄"。意思是说，跟随时机调整策略就容易战胜对方。天地间没有不变的事情。万事万物随时而变，随地而变，随社会的发展而变，随人的生理、情感、观点而变。时时在变，处处在变，人人在变。学会应变、善于应变、精于应变，能够随着时势、事态的变化而从容应变，是一个人做事时应当具备的本领。不能认清客观形势的变化，不能跟着客观形势变化而变通的人，最终将什么事都做不成。由于人的力量有限，做事时充分利用外在环境、条件所提供的优势，就显得格外重要，唯有如此，才能取得更大的优势、更大的成功。

东汉末年，董卓的篡位行为激起了朝臣的普遍愤恨，当时还只是骁骑校尉的曹操决定刺杀董卓。一日，他佩着宝刀来到相府，见董卓在小阁坐于床上，吕布侍立于侧。董卓一见曹操，便问他为何来得晚。曹操回答说："乘马羸弱，行动迟缓。"于是，董卓即让吕布去从新到的西凉好马中选一匹送给曹操。吕布领命而出。曹操觉得机会来了，即想动手，但又怕董卓力大，难以制服。正犹豫间，董卓因身体肥胖，不耐久坐而倒身卧于床上并转面向内。曹操见状急忙抽出宝刀，就要行刺。不料，董卓从衣镜中看到曹操在背后拔刀，急回身问道："曹操干什么？"此时，吕布已牵马来到阁外。曹操心中不免暗暗发慌，他灵机一动，便表情镇静地双手举刀跪下说:"今有宝刀一口,献给恩相。"董卓接过一看,果然是一把宝刀:七宝嵌饰,锋利无比。于是,董卓便将宝刀递给吕布收起,曹操也将刀鞘解下交给吕布。然后,董卓带曹操出阁看马,曹操趁机要求试骑一下。董卓不假思索便命备好鞍辔,把马交给曹操。曹操牵马出相府,加鞭往东南而去。

曹操是一个高明的刺客。宝刀既可以作为刺杀董卓的利器,亦可以作为进献的礼物。最关键一点是,曹操的随机应变、在紧急关头的灵活机智,使自己得以保全性命。由此可见,曹操是一个全身成事的英雄,而不是一个舍生取义的莽汉。

事情的成败,都有许多主客观因素,只有把握住最有利的条件和机会,选择最恰当的方式,才能成功。"相机而行""见机行事"这一谋略的实质还在于,事物在不断地变化之中,主客观条件也是不断变换着的,只有能够随着时间、地点和机会的变化而灵活地做出不同选择的人,才能把握住成功的主线。

一家旅馆正在招聘男服务员,前来应聘的人很多。老板想考考他们,于是出了一道怪题:"有一天,当你用备用钥匙打开客房的门,走进房间准备清理时,却突然发现一名女顾客恰好裸浴以后,正光着身子从浴室里走出来。你应该怎么办?"

对此,有的这样回答:"对不起,小姐,我不是故意的。"有的干脆表示:"小姐,我可什么都没有看见。"老板听后不停地摇头。

最后，终于有位机灵的小伙子说出了让老板最满意的回答："对不起，先生！不知道您在沐浴，我等会儿再来清理房间。"

其实，人都会有偶尔遇到尴尬的时候，此时往往"装糊涂"最有效果。这个小伙子明知对方为女士，却称其为先生，使双方都从尴尬中解脱了出来，真可谓机变有术。

可见，机敏是应变的一种基本方法。我们总是处于一个具体、复杂、多变的环境中，面临众多的机遇和挑战。如何在激烈的竞争中立于不败之地，机敏是一个必不可少的因素。对于个人而言，机敏是一个人智慧的象征，事变的发生，往往如急雷惊电一般，快得令人措手不及。如果不是平常就修养已久，很少有不茫然失措的，而且一点小事就会闹得不可收拾。只有头脑聪明，反应敏锐的人，才能够发挥个人的机智，在顷刻之间镇定自若，对应不失，所以，在面临瞬息万变的局势时，他们都能履险如夷。

领悟舍得，得中有失，失中有得

人生有得就有失，得就是失，失就是得，所以，人生最高的境界应该是无得无失。但人们都是患得患失，未得患得，既得患失，在得失的博弈中，明智的做法是要学会舍弃。舍得，是一种智慧，大弃大得，小弃小得，不弃不得。

"舍"而后才能"得"，这就是"舍得"之义。"舍得"二字，在我国语言中有着丰富的内涵。佛学认为，舍就是得，得就是舍，如同色即是空、空即是色一样；道家认为，舍就是无为，得就是有为，所谓"无为而无不为"；儒家认为，舍恶以得仁，舍欲而得圣；在现代人眼里，"舍"就是付出、是贡献、是投入，"得"是成果、是产出、是认同。"舍得"，就是一种哲学思想，也是人生必然面对的一项选择。

有这么一句话："一个人的快乐，并不是他所拥有得多，而是他计较得少。多是负担，是另一种失去。少非不足，是另一种有余。舍弃也不一定是失，而是另一种更宽阔的拥有。"可见，掌握舍得的内涵，敢于舍弃，也是一种智慧。

蛇在蜕皮中长大，金从沙砾中淘出，人类更是如此。从古至今，有无以数计的著名人物，取得了流芳千古的丰功伟业。纵观他们的成功，无不得益于对"舍得"二字的把握和领悟。"舍得"之间，参透人生真谛，成就智慧人生。李时珍一生行医济世，救死扶伤，历经27年艰辛，终于成就医学巨著《本草纲目》，可谓之"舍安逸，得安康"；陶渊明不满仕途，隐身山林，尽享"采菊东篱下，悠然见南山"之乐，可谓之"舍名利，得自在"；司马迁博览群书，负重残奇辱，成就"史家之绝唱"，可谓之"舍痛耻，得绝唱"；勾践卧薪尝胆，忍辱负重，才有了"三千越甲可吞吴"的辉煌，可谓之"舍荣辱，得江山"；诸葛亮为了感激刘备的知遇之恩，死而后已，鞠躬尽瘁，可谓之"舍私利，得英名"。如此等等，不一而足。

要得便须舍，有舍才有得，做人应该敢于舍弃，这是为人处世中的一种智慧，只知道得而不知道舍，轻则一无所得，重则会引火烧身。古今中外，有太多的人，只因为不舍得放弃眼前的权与财而为此丢掉了更多东西，甚至性命。李斯就是一个例子。李斯身居丞相之职，享受一人之下、万人之上、权倾朝野的荣耀时，也曾想起他恩师的教导，让他在权力地位达到顶峰之时，果断舍弃，退出官场是非，回到家乡过悠闲自得、无忧无虑的生活。可他因为不舍得放弃权力和富贵，一次又一次不能下决心离开官场，所以最终被奸臣陷害，殃及三族全都不能活命。李斯虽然深谙治国之道，满腹经纶，但因为不懂得舍弃，而最终一无所得，还招来了杀身之祸。

作为凡夫俗子的我们，要做到果断舍弃，当然也绝非易事。因为人总是有着太多的欲望，对金钱，对名利，对情感。这没什么不好，欲望本来就是人的本性，也是推动社会进步的一种重要力量。但是，欲望又是一头难以驾驭的猛兽，它常常使我们对人生的舍与得难以把握，不是不及，便是过之，于是便产生了太多的悲剧。因此，我们只要真正把握了舍与得的机理和尺度，便等于把握了人生的钥匙、成功的门环。要知道，百年的人生，也不过就是一舍一得的重复。

人生一世，面对无限的诱惑与磨难，往往不得不在"舍得"面前徘徊、彷徨。诱惑如同美景，如果贪多求全，终将一无所获，不如抽身而出，舍举目之求，存美景于胸，放眼天下，顿觉豁然开朗；洒脱阔步，舍方寸之感，踏险滩于足下，行走四方，定能感觉海阔天空。 如果舍不下原有的岗位，也就不会得到新的工作平台；如果做不到放弃，也许拥有的就是沉重的包袱。

追求美好的生活是人们共同的心愿，因此，所有人都希望得到的越多越好，却不懂得没有失去就不会拥有，没有拥有就不会失去。 得中有失，失中有得，大千世界，得与失是形影相随的。 生命在一点一滴凝聚的同时，也在一分一秒地逝去。 当我们拥有青春时，却失去了无忧无虑的童年；当我们融入社会，学会了左右逢源，却失去了原有的纯真和坦荡；盼望日出之美，却失去了宝贵的晨光；享受大都市的高品位生活，却失去了田园生活的悠闲；贪图财、色、官，却失去了做人的正气、道德和平常心。 如果把人一生的得失全部收集，得为正数，失为负数，那么，相加以后所得结果应该为零，这正可体现得失博弈中世间万物均平衡的道理。

有一个青年乘船去另一个地方，但不幸的是，在船快到达终点时，海上突然刮起了大风。在巨大的风浪中，船沉了下去。但是，幸运的是，这位青年被风浪冲到了一座荒岛上。每天，他都翘首以待，希望有船来将他救出。然而，第一天过去了，船没有来，第二天过去了，船还没有来，到了第三天，还是始终没有船来。为了能活下去，他就弄来了一些柴点起了篝火。很快，他就被人发现了，被救了上来。

"这么长时间了都没有人发现我，你们是怎么知道我在这里的？"他问救他上来的人员。

"我们看见了你燃放的烟火信号，就顺着烟火把船开过来了。"青年听后，简直不敢相信，竟是那堆篝火救了他。

在得失的博弈中,输赢是很难界定的,有时胜利就在一瞬间。得失是一对亦此亦彼的矛盾体,它们相互依存,互为条件,有得就有失。我们得到了某个工作,就意味着失去从事其他工作的机会;我们得到了张三的爱情,就意味着李四将消失于自己的情感世界;我们得到了子女,就意味着少了一份轻松。这和取舍的遗憾是一样的,而取舍的遗憾归根结底是得失的遗憾,没有利益成分的取舍,又怎么会遗憾与困惑呢?得失不同于取舍的是:取舍是一对此消彼长的矛盾体,得失则是此长彼也长。得到的越多,失去的也越多。以当选总统为例,当上了总统便得到了至高无上的权力,但几乎失去了整个自我:不能随心所欲说话,不能像老百姓那样猜拳喝酒,高兴了便哈哈大笑、痛苦的时候可以号啕大哭,甚至想吃点什么、随便走走都由不得你。

得到一样东西,我们往往会失去一样东西,同样,我们在失去的时候,也会相应地得到一些什么。失去了权力,会多一分轻松;拥有一次失败,会得到教训;丢掉了一次冠军,就卸下了一个包袱。所以说,得和失是相互依存的,得中有失,失中有得。

曾有人说:"如果你不懂得悲伤,你就不曾真正懂得快乐。"得失就是这样的关系。一个人不能骑两匹马,骑上这匹,就要丢掉那匹,有得必有失。人的生命旅途中总会面对种种得失,在鱼和熊掌不可兼得时就要权衡轻重,得其所重,失其所轻,只有认清了这一点,才能实现利益的最大化。

吃亏是福，舍小才能得大

有位哲人曾说过："吃亏并非是损失，吃亏是一种谦让；吃亏是一种牺牲；吃亏是一种成全；吃亏更是一种人生的至高境界。"无数事实证明，吃亏是成大事者的处世智慧。

1. 吃亏是种大智若愚的智慧

在人世间，往往会有那么一些人做事怕自己吃亏，因此，他们总是喜欢和别人斤斤计较，处处较劲。即使是蝇头小利，也要与人争得面红耳赤。他们若占了别人一点儿便宜，心里就会像吃了蜜一样舒服。其实，做人是不能怕吃亏的，更不能损人不利己。做人的可贵之处就在于乐于亏己。事实就是这样，自己适当主动地吃点亏，就常常能够把棘手的事情做好，能够把很多困难的问题解决得妥妥当当。

人们用"偷鸡蚀米"来说明偷鸡必定要付出的代价：要想偷鸡必须先给鸡吃米，然后再趁其不备逮住鸡。此外，还有人用"舍不得孩子套不住狼"这样一句话来说明：要想干什么事情都必须付出一定的代价。

在吃亏和占便宜方面，人们常用的一句话是"吃小亏占大便宜"。也就是小亏可以吃，但是不能白吃，吃了亏以后的目的是为了赚取更大的便宜。换一句话来说就是，暂时的吃小亏是为了以后的大便宜。

某日，在一个自助餐厅里，那里的餐费是 30 元，甲君是一个不愿吃亏的人，在吃饭的时候也要进行计算，看是否吃亏了。在餐厅花了30元，就要吃回30元的本钱来，吃多了就等于是赚了，吃少了就认为是赔了。于是边吃边算，喝了多少瓶啤酒？吃了多少盘海鲜？为了不吃亏，他一直吃到50多元才罢手，还美其名曰"今天赚了20元，让商家赔了20元，心里面特别的高兴"。却不料肚子负担太重，回到家中又吐又泻，到最后又花了几十元医药费才了事。

我们平常生活中还有很多与吃亏和占便宜有关的事情。比如说，有人骂人了，被骂的人为了不吃亏，进而回骂之，这样你来我往，你一句，我一句，大家都是为了不吃亏，互相骂，骂无尽头，到最后，骂赢了也没有占到多大便宜，骂输了也没有见到吃了多大亏。还有人不小心碰了其他人一下，被碰的人就认为自己吃了亏，非要还过来不可，这样，你来我往地吵或者打起来就会没完没了，到最后，打伤了还要付医药费，被打伤的也受了皮肉之苦，反而得不偿失。

有些人非常要强，为了不吃亏，永远保持戒心，什么时候都算计着，什么时候都生怕吃亏，这样的人活得很累。为了不吃亏，今天和张三斗，明天和李四斗，斗来斗去，把自己的情绪斗坏了，把自己的身体斗垮了。到最后，表面上来看是没有吃亏，但是实际上把本钱都给斗完了，最后还是吃了大亏。

古人对于吃亏的理解，很让我们回味，那就是"吃亏是福"。能够做到"吃亏是福"，那是一种非常崇高的境界，是一种处事的智慧。这种不在乎一时一刻的吃亏，着眼长远，正是一种大智若愚的表现!

2. 吃亏是福

对于"吃亏是福"这句话,如今许多人认为已经过时了。在他们看来,任何人都不希望自己为某事而吃亏,无论是吃小亏或是吃大亏。其实,吃小亏者,兴许只是眼前一时的失去;而吃大亏者,乃是长远的,在今后的发展中会慢慢显现,或许会造成不可挽回的损失。小亏,我们往往能一目了然;大亏,如果不是静下心来,我们常常不能够看到。因此,"吃亏是福"所说的亏指的就是小亏,是眼前的一点点小损失、小代价。虽然付出不一定会有回报,但是不付出是绝对不会有回报的。有些时候,有些收获似乎从天而降,但如果仔细想想,其实是以前付出的一种回报。相对于那种从收获中得到的从天而降的喜悦,对于眼前的付出,损失又算得了什么呢?

西汉时期,有一次在快要过年的时候,皇帝一高兴,便下令赏赐给每位大臣一头羊。羊有大有小,有肥有瘦,一名负责分羊的大臣看着这群羊不由得犯了难,不知道应如何分才能让每一位都满意。正在他束手无策的时候,其中的一名大臣从人群里走了出来,说:"这批羊很好分。"说完,他就牵了一只瘦羊,高高兴兴地回了家。众位大臣见了,也都纷纷仿效,不加挑剔地牵了一头羊就走,摆在大臣们面前的一道难题一下子就迎刃而解了。这名大臣不仅得到了众大臣的尊敬,同时也得到了皇帝的器重。对于这名大臣来说,吃亏难道不正是福吗?

前美国国务卿鲍威尔年轻的时候在一家汽水厂当勤杂

工。除了洗瓶子外，老板还要他擦地板，搞厂里的清洁卫生。鲍威尔干这些活时十分认真，也十分爽快，从不出差错，从不发牢骚。一次，有人在搬运产品时打碎了50瓶汽水，弄得车间一地都是玻璃碎片和团团泡沫。按照常规，老板应让打碎瓶子的工人把这块地打扫干净。为了节省人工，老板却指令干活麻利的鲍威尔去清扫。鲍威尔本可申述理由加以拒绝，但他没有这样做。他尽心尽力地把满地的脏物抹得干干净净，弄得浑身是汗。过了两天，厂负责人便晋升他为厂装瓶部主管。这一切对鲍威尔来说，吃亏难道不是种福气吗？

亏己者，能够让人们觉得他有肚量而加以敬重。做到如此，亏己者的人际关系自然就比别人好。当他遇到困难时，别人也乐于向他伸出援救之手；当他干事业之时，别人也愿意给予支持，给予更多的帮助。这样，他的事业自然就容易获得成功。只要我们留心一下，就不难发现，但凡那些取得了成就的人，尤其是那些有杰出成就的人，没有一个不是胸怀宽广又能亏己的人。与此相反，再看看我们周围的那些一生无所作为、无所建树的人，哪一个不是心胸狭窄、爱计较、不肯亏己之辈？

3. 吃亏是一种风度

由于种种原因，不少的好朋友或者事业上的合作伙伴，到后来却反目成仇了，双方搞得很不愉快。起初相互你好我好大家好地走到一起，实在不是一件容易的事情，然而结果是大打出手地分手，前后的反差实在太大了。

有个人却不一样，他与朋友合伙做生意，几年后，一笔生意让他们所赚的钱又赔了进去，剩下的是一些值不了多少钱的设备，他对朋友说："全归你吧，你想怎么处理就怎么处理。"留下这句话后，他就与朋友分手了。这样显得极有风度啊，没有相互埋怨，这叫"好合好散"，生意没了，人情还在。

有人曾这样问小巨人李泽楷："你父亲教了你成功赚钱的秘诀吗？"李泽楷说："父亲什么赚钱的方法也没有教，只教了我一些为人的道理。"李嘉诚是这样跟李泽楷说的："和别人合作，假如自己拿七分合理，八分也可以，那么，自己拿六分就行了。"

李嘉诚的意思就是，他吃亏可以争取更多人愿意与他合作。你想想看，虽然他只拿了六分，但现在多了100个合作人，他现在能拿多少个六分？假如拿八分的话，100个人会变成5个人，结果是亏是赚可想而知。李嘉诚一生与很多人进行过或长期或短期的合作，分手的时候，他总是愿意自己少分一点钱。如果生意做得不理想，他就什么也不要了，愿意吃亏。这是一种风度，也是一种气量。其实，也正是因为有了这种风度与气量，才有人乐于与他合作，生意自然也就越做越大。因此，李嘉诚的成功应更多的归因于他恰到好处的处世交友之经验。

吃亏是福，这是智者的智慧。不管你是做老板也好，是生意场上的伙伴也罢，手下的人跟着你有好日子过、有奔头，他才会一心一意与你合作，跟着你干，因为他知道'老板生意好了'他也会好。生意场上的伙伴是因为同你做生意不能赚钱，才会朝三暮四。好分好合，你要让他人觉得你是个值得共事的人，这才是真正成功的处世。

有的人一旦与朋友分手之后，就会翻脸不认人，一点儿亏也不肯吃，这种人是否聪明不敢说，但可以肯定的是，一点儿亏都不想吃的人，只会让他自己的路越走越窄。让步、吃亏是一种必要的投资，也是朋友交往中的必要前提。为什么呢？在生活中，人们对处处抢先、占小便宜的人一般都没有什么好感。占便宜的人首先在做人上就吃了大亏，因为他处处抢先，从来就不会为别人考虑，眼睛总是盯着他看好的利益，迫不及待地想跳出来占有它。他周围的人对他很反感，合作几个来回就不想再与他合作下去了。合作伙伴一个个离他而去，他难以再找到愿意与他重新合作的人，最后，他自己还不是吃了个大亏？

分手，情分不能践踏。主动吃亏，山不转路转，也许以后还会有合作的机会，又走到一起。如果你与人分手时，狠狠地捞一把，不管是不是自己的东西，拿上手就是自己的东西，那么就是忘恩负义、不仁不义。

从心态发展上来看，如果你老不愿吃亏，老占别人的便宜，则会把自己弄得很猥琐。因为当便宜被你占尽的时候，你也就会觉得自己总在吃亏，心中就会积存不满和愤怒，这对自己也是很大的伤害。再者，捞朋友东西的人绝不会有什么出息，因为，他的眼光都集中到了收集和占有眼前的每一点微小的利益上，势必会影响自己的境界，缺乏向远处、高处看的意识和能力。"戴盆何以望天"说的就是这种人。这种人除非是摸彩票中了奖，否则是很难获得很大的成功和利益的。

4. 吃明亏是福

世界上通常来说有三种人一点儿亏也不肯吃。一种人度量太差，吃了亏就要想不开，茶不思饭不想，好像被剜了肉一样；一种人火气太大，吃了亏就要双脚跳，轻则破口大骂，重则大打出手，从而把事情弄得一发不可收拾；还有一种人心眼太小，吃了亏就要睚眦必报，常常让别人怨声载道，让自己因小失大。 与之相反，如果一个人能经常地、平心静气地吃那么一点儿亏，那么，至少能够说明这个人的度量不算太差、火气也不算太大、心眼也不算太小，如果能够做到如此的话，那么，他的人际关系一定处得不错，朋友不少、心情也不坏，这其实就是福气。

我们并不去讲所谓的因果报应之佛家思想，也不去谈祸福相倚的道家思想，仅仅用辩证法把"吃亏"这件事情掰开了、揉碎了讲，就会发现"吃亏"是局限于某一阶段、某一方面讲的。 比如"千金买骨"的故事，涓人用千金买千里马而不可得，竟然花五百金买了千里马的骨头，可是不满一年，天下罕见的"千里之马至者三"。 这是先吃小亏，再得大便宜的例子。 历史上这样的故事屡见不鲜，现实生活中类似的事也时有所闻。 可见，只要平心静气、全面地考虑问题，我们就不难发现，世界上根本就没有白吃的亏，所有的付出总会有一天能够得到应有的回报。

但是，如今的社会是一个大声张扬的时代，所以，吃了亏也不必"打落牙齿和血吞"，吃闷亏、吃暗亏只有自己甘认倒霉。 吃亏应吃在明处，让大家都心知肚明，才会有意想不到的收获。 因此，通常我们所讲的"吃亏是福"是指"吃明亏是福"。

古人曾经说过："用争夺的方法，你永远得不到应有的满足；然而，如果用让步的办法，你非常容易就能够得到比期盼的更多的东西。"换句话说："吃亏是福！"

虽然从表面来看，吃亏意味着舍弃与牺牲，然而也不失为一种胸怀、一种品质、一种风度。 更何况，一个人如果不择手段地敛钱财，追名逐利，那么，他在失去了做人的从容的同时，也把自己的人格与尊严给失去了。

贪心的人，总是费尽心机去算计别人，在其热情、仗义与关切的伪装之下，其更多的是肆无忌惮地对别人进行攻击与伤害。

那些不害怕吃亏的人，往往是把别人往好的地方去想，在其天真甚至是迂腐、软弱的背后，是一个阔大、宽容的不设防的世界。

也正因为这样，许多时候好人斗不过坏人，一次又一次地遭到坏人的算计与偷袭。尽管这样，贪图蝇头小利者最终将"聪明反被聪明误"，必然吃大亏。不怕吃亏的人，不但不会真的吃亏，反而还会换来"桃李不言，下自成蹊"的结果，并且还会生活在轻松、自在、愉快之中。

世上无论是哪个人，都不愿意选择那些斤斤计较的人作为自己的朋友，没有人愿意与唯利是图的人共事。只有不怕吃亏的人，才能够在一种平和而自由的心境当中去感受人生的幸福。吃亏就是一种放弃的艺术，是一种大智慧。拥有这种智慧的人，他的行为在外人看来是吃亏了，然而对于他本人来说却没有这种感觉，很有可能他还沉浸在意外的收获之中！吃亏是一种做事的智慧，这句话是非常有道理的。生活中的每个人都应该学会"吃亏"的处世智慧。

全面考虑，进时思退，退时思进

　　西汉时有一位享有盛誉的大侠叫郭解。有一次，洛阳有个人跟另一个很有势力的人结下了怨恨。这人害怕很有势力的人以后会为难自己，就请了地方上的一些有名望的人士出来调停，然而对方就是不肯给面子。这人无奈之下，找到郭解门下，请他来化解这段恩怨。郭解接受了这个请求，亲自上门拜访这个很有势力的人，并做了大量的说服工作，好不容易使这人同意了和解。

　　按照常理，郭解此时不负他人所托，完成了化解恩怨的任务，就可以走人了，可郭解还有高人一着的地方。他对这人说："你们的这个事，听说过去你们当地许多有名望的人都来调解过，但是都没能达成协议。这次我很幸运，你也很给我面子，了结了这件事。我在感谢你的同时，也为你、我担心。因为我毕竟是外乡人，在本地人出面都不能解决问题的情况下，由我来完成和解，未免使本地的人感到丢面子。这样，他们心里就难免会对我们有所怨恨。为了免除你、我以后的麻烦，请你再帮我一次，从表面上要做到让人以为，就是我出面也解决不了问题。等我明天离开此地后，你再把面子给他们，算做是他们完成这个美事的。这样，你、我都不会有后患了。"这就是郭解的高妙之处。

　　明太祖朱元璋的大儿子比朱元璋死得还早，所以，朱元璋就把大儿子的儿子朱允炆立为皇太孙。朱元璋不立儿子，却立孙子为皇储的做法，让他的另外几个儿子非常不服气。朱元璋死后，朱允炆即位为建文帝。建文帝的十几个皇叔在各地拥兵自重，严重危及他的利益。于是，他开始"削藩"，陆续罢免皇叔们的职务。到最后，就剩下燕王和宁王两个人了。由于他们的力量已经发展得十分强大，建文帝很难对他们下手，所以将他们暂时存留下来。

燕王朱棣是朱元璋的四儿子，曾经立下过赫赫战功。当时，他驻守在燕京（今北京），对于建文帝来说，朱棣是最大的威胁。所以，建文帝一方面派人去燕京，直接掌管军政大权；另一方面收买了燕王身边的人，让他们密切监视着朱棣的行动。朱棣感觉到形势十分危急，于是就装起病来。建文帝当然不相信，就让在燕京的官员前去探听虚实。那个时候，正值盛夏酷暑难耐的时候。朱棣却穿着皮袄，坐在炉子的旁边，浑身一直打哆嗦，还不停说："天气太冷了。"被派去的人看到这种情形，相信朱棣的确是得病了，但是被收买的燕王身边的人却秘密向朝廷报告，说燕王没有病，他是为了蒙蔽朝廷，朝廷应该马上采取行动。于是，建文帝就密令燕京的守城副将张信捉拿朱棣，并把他押到京城金陵去。

不料，张信原是朱棣在金陵时候的好朋友，并且张信还受到过朱棣的许多恩惠。于是他就跑去告密。朱棣仍旧假装病情十分严重，不肯开口讲话，张信非常着急地说："我冒着灭门之罪的风险过来告诉你实情，难道你连我都不肯相信吗？"朱棣这才起身，跟张信商量应对之计。由于当时燕京的军政大权是由两位朝廷大臣来掌握的，所以当下最重要的，就是必须先杀掉他们二人。于是，朱棣便诡称，自己将要赴京去请罪，那两个官员不知道其中有诈，于是，就到燕王府来商量其中的一些具体事情。毫无防备的他们，立即就被朱棣布置好的伏兵逮捕了，与此同时，燕王府的内奸也被朱棣给揪了出来。实际上，深谋远虑的朱棣早已经采用了谋士姚广孝的计谋，在自家的后花园秘密地训练了一支精兵。这时，他便率领着这支精兵发起了反攻，很快便攻下了燕京的各个战略要地，并且把燕京的整个局势都控制住了。紧接着，朱棣以"靖难"的名义，开始进攻京城。经过数年的战争，朱棣最终夺取了皇位，他就是历史上赫赫有名的明成祖。

从进退之道来说，做事情只有事先准备、未雨绸缪，才能有备无患。 进时思退是说在决定前进时，首先要对失败有思想准备，对困难有提前认知，这样才能在情况不利时可以有退路。 而退时思进，则是让人不要轻易放弃，所谓坚持就有机会。 无论是郭解的进时思退，还是朱棣的退时思进，都是做事情的通盘考虑。 考虑通透全面了，方能在未来变幻莫测的生存游戏中进退自如。

世事无常，要有失败的心理准备

从表面来看，很多失败都是偶然的，其实却有其必然性。心理学家们曾经做过这样一个实验：在给小小的缝衣针穿线的时候，越是全神贯注地努力，线越不容易穿入。这种目的性越强，反而越不容易成功的现象被称为"目的颤抖"。俗话说："世事无常"，任何一件事情，都不能保证百分之百成功。既然如此，何不给自己一个失败的心理准备呢？而在成功之后，也要有失败的准备，不能得意忘形。

唐朝名将郭子仪戎马一生，为了保卫国家的安宁，他屡建奇功，到84岁的高龄才告别沙场。更难得的是，他权倾天下而朝廷里没人妒忌，功高盖世而皇帝不怀疑他，享有崇高的威望和声誉，那么，他又是怎么做到的呢？首先，郭子仪忠勇爱国，但从不居功自傲，并且又能宽厚待人。同时，他还处处做士兵的榜样，领兵打仗时从不侵犯百姓的利益。在手握强兵的时候，无论皇帝何时诏他入朝，他都从未迟延过。他曾经与李光弼的关系不太好，安史之乱爆发后，唐玄宗提升郭子仪任朔方节度使。这时，朝廷要郭子仪挑选一位得力的大将，去平定河北。郭子仪出于公心，推荐了李光弼。李光弼却以为郭子仪是要借刀杀人，让他去战场送死。郭子仪听到李光弼冤枉自己的话后，流着泪对李光弼说："现在国难当头，我器重将军，才点你的将。我现在只想与你共赴疆场讨伐反贼,哪里还记着什么私怨呢?"李光弼听了非常感动,于是两人相对跪拜,前嫌尽释。

其次,郭子仪为汾阳郡王时,他的府第在京城最繁华的地段,来往的行人、车马都很多,而郭府的大门总是大开着的,不论什么人都可以随便出入郭府,没有任何限制。有一次,郭子仪手下有位将军即将出征,特意前来向郭子仪辞行,由于不需要通禀,这位将军就直接来到郭子仪的家中。此时,郭子仪的妻子和女儿正在梳妆打扮准备出门,郭子仪则在一旁伺候,十足是个仆人的形象。来拜见郭子仪的将军看到这些,一时不知道应该怎么办,只好在门前不停地踱步。过了好一会儿,郭子仪才发现了他,这位将军不好意思地说:"郭将军,小人特地来向您辞行。"郭子仪看到他难以启齿的样子,明白他是觉得不应该看到自己给夫人和女儿梳洗,认为这有辱大将军的尊严。于是,郭子仪哈哈大笑着说:"习惯了,习惯了,平时我都是这么伺候她们的。"

再说这位将军拜别了郭子仪,心里越想越觉得不妥,更让他觉得不妥的是,郭子仪家里还开着大门,来来往往的人都看到了,这是明显有辱大将军威严的事。于是,他在临走之前召集郭子仪的弟子们,和他们说了自己看到的"不该看到的一幕"。大家商量着,要一起去说服大将军不要这样不顾身份。他们说:"大将军,您功名显赫、德高望重,但却不知道自重、自爱。不论高低贵贱,什么人都可以在您的寝室里随便走动,我们认为,就是伊尹、霍光那样贤德的大臣也不应该这样啊!"郭子仪笑笑说:"我的做法不是一般人所能够理解的,我现在位高权重,所以进退没有什么余地。如果我还围起高墙，紧闭大门，不和外面来往，一旦有人与我结仇，诬陷我不守臣子的法度，再加上那些贪图功利、嫉贤妒能的人借机煽风点火，那么，我们全家就要遭受灭族之灾啊！现在我胸怀坦荡，四门大开，虽然有人想诋毁我，但也找不到什么理由。"弟子们听了，都十分佩服郭子仪的做法，也就不再劝他了。

再次，郭子仪虽官高业大，但并不放纵子女。他不想让自己的后代因为自己功劳太大而被皇族忌恨担心，所以一再嘱咐他们不可出头，凡事都要躲在人家的后边。郭子仪七十大寿时，全家的人全来拜寿，只有他的六儿媳升平公主没到。升平公主的丈夫郭暧气愤之下打了皇帝的金枝玉叶，还斥责道："你依仗皇父就不来拜寿，我父亲还不愿意当皇帝呢！"郭子仪知道以后，带着儿子就去向代宗皇帝请罪。代宗对郭子仪说："儿女闺房琐事，何必计较。"但郭子仪回家之后还是把儿子痛打了一顿。

郭子仪一生历经了四朝皇帝，他以85岁的高龄辞世时，唐德宗沉痛悲悼，并亲自到安福门临哭送行。郭子仪不仅自己既富贵又长寿，而且后代繁衍安泰，他的八个儿子和七个女婿，都是朝廷重要官员，孙子更是有数十人之多。

这就是郭子仪的高明之处，他不与人结私仇，又能在位高权重时，心里有失败的准备，所以才能为自己与家人免除后患。

他的故事与西汉霍光的故事，有相同之处也有不同之处。相同的是，他们有着同样的功劳，他们的家族也曾经都是朝廷的要员。

不同的是，霍光本人虽然忠诚，但他的家族大多是不肯奉公守法的人。 霍光死后，霍氏一门更加骄奢放纵，甚至密谋发动政变，所以最终被汉宣帝灭族。 这就是霍光与家人在得意时没有失败的心理准备的后果呀！

　　从进退之道来说，在成功之前先做好失败的准备，并非是要人放弃对成功的追求，而是让他放下包袱，轻装上阵，如此一来，反倒容易成功。 在成功之后有失败的心理准备，就是让自己在得志时，不要得意忘形，而是要给自己留下后退的余地。

以屈求伸，退一步是为了进两步

在现实生活中，放着直路不走走弯路，无疑是个十足的傻瓜。然而，在漫漫人生中，尤其是在官场生活中，两点间的最短距离往往不是直线，而是曲线。什么时候应当强硬，什么时候又需要妥协，都不是一成不变的，暂时的妥协不过是为了将来的强硬。因为面对悬崖峭壁，如果直着走过去，不仅不能到达对面，反而会摔得粉身碎骨。所谓"以屈求伸""以曲为直""以退为进""将欲取之，必先予之"等，都是围绕着"迂"和"直"两个字做的文章。

尤其值得提醒的是：退却是指半途而止，并不是半途而废，它包含着积极的内涵，而不是消极地夹着尾巴逃跑。为了把握好这一点，让我们再重温一下浪里白条张顺"退中求胜"，智胜黑旋风的故事。

《水浒》第37回有"黑旋风斗浪里白条"的情节，十分精彩。其文描写李逵与戴宗、宋江三人在琵琶亭酒馆饮酒，李逵到江边渔船抢鱼，后趁着酒兴闹起来了。

正热闹时，只见一个人从小路里走出来，众人看见叫道："主人来了，这黑大汉在此抢鱼，都赶散了渔船。"那人道："什么黑大汉，敢如此无礼？"众人把手指道："那厮兀自在岸边寻人厮打。"那人正来卖鱼，见了李逵在那里横七竖八打人，便把秤递与行贩接了，赶上前来大喝道："你这厮要打谁？"李逵不回话，抢过竹篙往那人便打。那人抢过去，早夺了竹篙。李逵一把揪住那人头发，那人便奔他下三面，要跌李逵。可他怎敌得李逵水牛般气力，直被推开去，不能够拢身。那人又往李逵肋下擂得几拳，李逵哪里看在眼里。那人又飞起脚来踢，被李逵直把头按下去，提起铁锤般大小拳头，在那人脊梁上擂鼓似的打。那人怎能不挣扎？

李逵正打得起兴，被一个人在背后劈腰抱住，另一个人也来帮忙，喝道："使不得，使不得！"李逵回头看时，却是宋江、戴宗，便放了手。那人略得脱身，一道烟走了。

戴宗埋怨李逵道："我教你休来讨鱼，又在这里和人厮打。倘或一拳打死了人，你不去偿命坐牢？"李逵应道："你怕我连累你吧？我自打死了一个，我自去承当。"宋江便道："兄弟休要论口，拿了布衫，且去吃酒。"李逵向那柳树根头拾起布衫，搭在胳膊上，跟了宋江、戴宗便走。行不得数十步，只听得背后有人叫骂道："黑杀才，我今番要和你见个输赢。"李逵回头看时，便见那人脱得赤条条的，露出一身雪练似的白肉，在江边独自一个把竹篙撑着一只渔船赶将来，口里大骂道："千刀万剐的黑杀才，老子怕你的，不算好汉！走的，不是好男子！"李逵听了大怒，吼了一声，撇了布衫，抢转身来。那人便把船略拢来，凑在岸边，一手把竹篙点定了船，口里大骂着。李逵也骂道："是好汉便上岸来。"那人把竹篙去李逵腿上便搠，撩拨得李逵火起，突的跳在船上。说时迟，那时快，那人只要诱得李逵上船，便把竹篙往岸边一点，双脚一蹬。李逵当时慌了手脚。那人更不叫骂，撇了竹篙叫声："你来，今番和你定要见个输赢。"便把李逵胳膊拿住，口里说道："且不和你厮打，先教你吃些水。"说着，他用两只脚把船只一晃，顿时船底朝天，英雄落水，两个好汉扑通地都翻筋斗撞下江里去。宋江、戴宗急忙赶至岸边，见那只船已翻在江里，两个便只在岸上叫苦。江岸边早拥上三五百人在柳荫底下看，都道："这黑大汉今番却着道儿，即便挣扎得性命，也吃了一肚皮水。"宋江、戴宗在岸边看时，只见江面开处，那人把李逵提将起来，又淹将下去，两个正在江心里面清波碧浪中间，一个显浑身黑肉，一个露遍体霜肤。两个打作一团，绞作一块，看得江岸上那三五百人没一个不喝彩。

浪里白条张顺，将"陆战"变成"水战"，在一退一进之间创造战机，扬长避短，找到了战胜李逵的上策。号称"铁牛"的李逵毕竟不是水牛，他被灌饱江水，吃够了苦头。

退与进是一对矛盾，二者既相互对立，又相互统一。不能将后退的举动一概视为怯懦和软弱。在无法前进的情况下，适当地后退往往是一种必要的、理智的行为。

刘备、诸葛亮火烧博望坡后，曹操发兵数十万，以曹仁为先锋大举南下，兵锋直指刘备的屯兵之地——新野。根据诸葛亮的提议，刘备退据樊城，同时火烧新野、击败曹仁。鉴于刘表已死，荆州新主刘琮投降曹操，刘备集团失去了后盾，诸葛亮建议再行后退。刘备率军兵和百姓弃樊城，过汉江，退往襄阳。刘琮拒不接纳刘备入城，诸葛亮主张向江陵撤退。由于刘备不肯舍弃跟随的百姓，退却的速度很慢，致使江陵被曹操抢占。刘备与诸葛亮等商定后，全军退往汉江与长江的交汇处——夏口,取得了休养生息、壮大力量的机会。在休整兵马、加强防备的同时,诸葛亮乘孙权派鲁肃来夏口探听虚实之机,随鲁肃到江东,一番游说使孙刘结成联盟,在赤壁大破曹军,实现了刘备、诸葛亮打败曹操的目的。曹军败退后,刘备集团得以长驱大进,夺取了荆州。至此,半生漂泊的刘备终于得到了一块真正属于自己的地盘。

可见,在前进受阻时,退后一步再图进取,往往能相对容易地达到目的,这就是以退为进。如果刘备不从新野、樊城主动后退,不仅无法打败曹操,而且会使刘备政权无法继续生存下去。因为小小的新野、樊城连同那少得可怜的兵马,根本不在曹操大军的话下。

相比之下,南下的曹操却只知进取,不懂后退。当他进到长江边上时,兵马虽多,但都已疲惫不堪,已是"强弩之末,势不能穿鲁缟"。这时候,他本该停顿下来或稍稍后退,但曹操仍然劳师远征,试图将孙权、刘备一举消灭。结果在赤壁以众败寡,狼狈至极。赤壁一战后,曹操不得不退回中原。终其一生,到底未能消灭孙权和刘备。

这无疑是告诉我们必须处理好退与进的关系:退,向对手让步,是避敌锋芒、摆脱劣势的手段,是赢得进的积极行动。可是,一般人在谋划时喜进而厌退,认为退是怯弱的表现。殊不知退的软弱正可以用来麻痹对手,掩盖自己对进的准备和行动。如此看来,其实在"软弱"中也可能蕴藏着力量。

古代哲学家老子提出"进道若退",他力主以柔克刚、以退为进,这又岂是只知猛冲猛打的人所能理解的呢?

无论是战场还是商场，也无论是胜利后的退却还是失败后的退却，只要"退"仅是手段，而不是最后目的，只要有利于整体目标的实现，"退"又何尝不是上策呢？大自然中的狼族之所以有许多的成功猎捕，正是由"退中求胜"所换取的。

春秋时候，楚王的三子季札，因为贤能，父王要传位于他，而他谦让说，上有长兄，应该由长兄继位；长兄去世以后，因其贤能，国中大臣又再举荐他为王，他说还有次兄；次兄去世以后，全国人民又一致推举，希望他能出来领导全国。他说"父死子继"，应该由过世的先王之子继任王位，故而仍然退而不就，所以，后来在历史上留下了贤能之名。可见，退让不是没有未来，退让之后往往会在另一方面更有所得。

三国时代，刘玄德知道太子刘禅无能，要诸葛孔明取而代之，但诸葛亮谦让，从而在历史上留下忠臣之名。周公辅佐成王，虽是长辈，却一直以臣下自居，所以能成周公的圣名美誉。此皆证明，退让不是牺牲，所谓"失之东隅，收之桑榆"，有时以退为进，更能成功。

以退为进，是人生处世的最高哲理。人生追求的是圆满自在，如果人生只知前进不懂后退，那么，他的世界就只有一半。而懂得"以退为进"的哲理，可以将我们的人生提升到拥有全面的世界。如此，"以退为进"，何乐而不为呢？

有一首诗形容农夫插秧：

"手把青秧插满田，低头便见水中天；身心清净方为道，退步原来是向前。"

有的人为了功名富贵，总是不顾一切地向前争取。有的时候前面是险坑，跌下去会粉身碎骨；有的时候前面是一道墙，撞上去会鼻青脸肿。如果这时候懂得以退为进，转个弯、绕个路，世界还是一样会有其他更宽广的空间，这正是古人所云："退一步，海阔天空。"

经商的人，希望日进斗金；读书的人，希望每日进步；有的人一遇到利益，总想贪求更多。其实，做人处事应该要以退为进！

有一种马嘉鱼很漂亮，银肤、燕尾、大眼睛，平时生活于深海中，春夏之前溯流产卵，随着海潮浮到浅水面。渔人捕捉马嘉鱼的方法很简单：用一张十寸见方、孔目粗疏的竹帘，下端系上铁坠，放入水中，由两只小艇拖着，拦截鱼群。马嘉鱼的"个性"很强，不爱转弯，即使触入罗网中也不会停止。所以一只只前赴后继钻入帘孔中，帘孔随之紧缩。孔愈紧，马嘉鱼愈被激怒，瞪起明眸，张开脊鳍，更加拼命往前冲，最后，终于被牢牢卡死，为渔人所获。

马嘉鱼的悲哀就在于它不懂生存的进退之道。做人也是如此，面对现实要灵活，千万不要一根筋，认准一条道走到底，有时，退一步也许是你最明智的选择。

因此，一个人在社会上做人处世，必须要懂得以退为进。引擎利用后退的力量，反而能引发更大的动能；空气越经压缩，反而更具爆破的威力；军人作战，有时候要迂回绕道，转弯前进，才能胜利；很多时候，我们要想成就一件事情，必须低头匍匐前进，才能成功。

忍辱负重，忍是一种韧性的战斗

忍，是一种生存智慧。 在中国历史上，有很多有智慧的人都是在面临危险时，能够以忍化解险情，求得生存，然后获得机会，一举成功。

1. 忍一时之气，免百日之忧

从某种意义上说，忍耐是保全人生的一种策略，忍一时之气，可免百日之忧。 忍耐是一种弹性前进策略，就像战争中的防御和后退，有时恰恰是赢取胜利的一种必要姿态。

汉高祖刘邦去世后，吕后临朝称制。匈奴单于冒顿本已很轻视刘邦，现在一妇人上台执政，他更加肆无忌惮，便想挑起战端。他派使者给吕后送去一封信，信上说："孤独苦闷的君王，生于荒野大泽之中，长于旷野牛马蕃育的区域，多次到达边境，希望能游览中国。陛下独立，孤独苦闷孀居。两位君主都不高兴，也没办法让自己快乐起来，希望以我的所有，换你的所无。"

吕后见信后勃然大怒："好一个不知死活的匈奴冒顿，竟敢调戏到孤家头上，想是活得不耐烦了。"于是，她召集群臣商议，要大举讨伐匈奴，以雪此辱，以泄此恨。

吕后的妹父樊哙率先请命道："我愿带10万人马，横行匈奴之中。"

吕后大喜,季布却怒声叱道:"樊哙理应斩首。"

朝堂上的人都吓了一跳,季布撞邪了吧,竟要斩元勋国戚。

季布接着说:"当年高帝率三十万精兵讨伐匈奴,却被围困在平城七日七夜。那时,樊将军也在军中,却无计可施。于是,今日为何就能以十万人马横行匈奴之中呢?这不过是当面阿谀陛下,犯了欺君之罪,按律当斩。"

樊哙无言以对,其他众将也纷纷附和说,以高帝之英武,尚被困于平城,匈奴势力强盛,委实不宜挑起战端。

吕后见众将意思一致,回头细想也确实如此,便忍下这口恶气,退朝回到宫内,不再提讨伐匈奴的事了。

过后,吕后为安抚单于冒顿,居然放下架子卑辞婉约地写了一封和解信,说:"单于不忘我中国,赐给书信,我等国人都很恐惧,我自思自忖,身体老迈,气息也衰弱,牙齿也脱落得差不多了,走路的步子都不均匀,单于听信了传言,我实在不足以使您自污。我国无罪,应在您赦免之列。我有自己坐的车两辆、马八匹,送给您平时乘坐。"然后,她派宦官张泽送去。

单于冒顿原以为汉朝一定会倾其国力攻击自己,所以严加戒备,没想到等来的却是这般礼遇。再想想,如若自己与汉硬拼,实在也占不得什么便宜,便派使者送给吕后好马,回信说:"我生长荒野,没听过中国的礼仪,多亏陛下赦免了我。"便又和汉朝和亲。

吕后性格刚毅、心狠手辣,汉初三大功臣有两位直接死在她手上,即韩信和彭越。然而,面对匈奴单于的侮辱和挑衅，她不但采纳众将的意思忍耐住了，而且还以谦卑的姿态回了一封信，倒使得冒顿心生惭愧，回信谢罪，并达成了和亲。吕后执政时，边塞得以无事，民众得以休养生息，就是因为吕后能够忍下单于之气。

下面，我们再看一例。

王林从单位辞职以后来到深圳打工，他在一家私人企业做了几天文员后，就被解雇了。过了一段时间，他仍然没有找到工作，已经到了山穷水尽的地步。

一天，他身无分文，坐在街心公园歇息。忽然间，他想到这里还有一个老乡在某个报社做编辑，于是，他强打起精神去找那个老乡借钱。他好不容易找到了那位老乡，但老乡一见他的狼狈样就知道是来借钱的，于是就故意装作没有看见他。在王林小心地打了招呼后，老乡才问他有什么事。于是，王林更加小心地讲明了自己的困境。老乡不耐烦地掏出10元钱扔在桌子上，说自己今天身上没有多带钱，并且马上要出差。王林知道这是在下逐客令，心里气急了，真想把那10元钱抓起来砸在对方的脸上。但现实的残酷让他强压住怒火，拿起那10元钱，默默地转身走了。

王林先用2元钱买了些馒头，然后用1元钱买了1支圆珠笔，用2元钱买了一沓稿纸。他待在自己租的房子里，用了1天1夜的时间写了4篇反映自己打工经历的稿子，次日早上亲自将这些稿件送到一家专门发表打工者故事的杂志社。负责该栏目的编辑看了稿件后决定4篇都采用，并先付给了王林一半的稿费。拿着这些稿费，王林维持了一段时间，并在此期间找到了一份工作。

事物总是在不断地运动和变化，机会存在于忍耐之中。对于垂钓者来说，最好的进攻方式就是忍耐。大机会往往蕴藏在大忍耐之中，所谓"天将降大任于斯人也，必先苦其心志，劳其筋骨，饿其体肤……"就是这个道理。大丈夫志在四方，岂可为鸡毛蒜皮的小事而误了大谋！春秋末期最后一个霸主越王勾践卧薪尝胆的故事正好诠释了忍耐保全人生的要义——忍耐不是停止、不是逃避、不是无为，而是守弱、蓄积、迂回前进。当命运陷入不可掌控之时，就要心平气和地接纳这种弱势，坚强地忍耐弱者的地位，在守弱的基础上累积实力、发愤图强，使自己脱离弱者的不利地位，并适时出击，争取赢得新的成功机会。

懂得忍耐有利于成就事业，意气用事只会错失良机。面对别人的侮辱和伤害，我们没必要急急忙忙以一种对抗的方式来证明自己并非软弱可欺。因为路遥知马力，日久见人心，有效地忍耐，会使我们获得更多的收益。

2. 忍辱方能负重

忍可以促使一个人的身心成熟，以便大展宏图。昔日韩信受"胯下之辱"的时候显示了巨大的忍耐力，尔后才官拜淮阴侯。司马迁虽受宫刑，遭受了生理与心理上的双重打击，但他却表现出了超人的忍耐力，完成了旷世之作《史记》。

老子曰："大直若屈，大智若拙，大辩若讷。"因此身处逆境之时，应通晓时事，沉着待机，这才是智者的做法。"伏久者飞必高，开先者谢独早。"只有长久潜伏修智，才能成就大事，才能一鸣惊人。如果不能控制住自己情感的冲动而鲁莽行事，就可能会进一步陷入苦痛与困难中。懂得了这个道理，也就通晓了忍的功效。杜牧之《题乌江亭》诗对此很有见解："胜败兵家事不期，包羞忍耻是男儿。江东子弟多才俊，卷土重来未可知。"此诗是婉转地批评了项羽，说这位大英雄如果当时知忍能忍，抱定这种信念，忍而后发，卷土重来未必不成。

汉朝的韩信是淮阴人，他家里贫穷，没有事干，便在城下卖鱼。肉铺里有个人欺侮韩信说："虽然你长得高高大大，还老喜欢带着把剑游来荡去的，其实只是个胆小鬼罢了。"并且当众辱骂韩信说："你如果不怕死，就刺我一剑；如果怕死，就乖乖地从我裤裆下钻出去。"此时周围的人都非常气愤，纷纷叫嚷着让韩信宰了这狂妄的小子。韩信看看周围，想了一下，俯身从那人裤裆下爬了过去，全街的人都笑韩信怯懦。

后来，滕公向汉高祖刘邦说起韩信。开始时，刘邦对他并没有很好的印象，因而也就没有重用他。韩信感到无用武之地，就偷偷地逃跑了。萧何亲自追他，并对汉高祖说："韩信是无双的国士，你要争得天下，非要韩信不可。如用他为大将，就要拜请他，选一个日子，要斋戒、设立坛位、完备礼教才行。"刘邦答应了他，拜韩信为大将军。等到刘邦取得天下之后，韩信又被封为齐王。

忍辱负重的故事不仅中国有之，国外亦不少见。

1076年,德意志神圣罗马帝国皇帝亨利与教皇格里高利争权夺利,斗争日益激烈,发展到了势不两立的地步。亨利想摆脱罗马教廷的控制,教皇则想把亨利所有的自主权都剥夺殆尽。

亨利首先发难,召集德国境内各教区的主教们开了一个宗教会议,宣布废除格里高利的教皇职位。格里高利针锋相对,在罗马拉特兰诺宫召开全基督教会的会议,宣布驱逐亨利出教。他不仅要德国人反对亨利,还在其他国家掀起了反亨利浪潮。

一时间,德国内外反亨利的力量声势震天,特别是德国境内大大小小的封建主都兴兵造反,向亨利的王位发起挑战。

亨利面对危局,被迫妥协。1077年1月,他身穿破衣,骑着毛驴,冒着严寒,翻山越岭,千里迢迢前往罗马,向教皇忏悔请罪。

格里高利故意不予理睬,在亨利到达之前躲到了远离罗马的卡诺莎行宫。亨利没有办法,只好又前往卡诺莎拜见教皇。

教皇紧闭城堡大门,不让亨利进来。为了保住皇帝宝座,亨利忍辱跪在城堡门前求饶。

当时大雪纷飞,天寒地冻,身为帝王之尊的亨利屈膝脱帽,一直在雪地上跪了三天三夜,教皇才开门相迎,饶恕了他。

亨利恢复教籍、保住帝位返回德国后,集中精力整治内部,将一度危及他王位的内部反抗势力逐一消灭。在阵脚稳固之后,他立即发兵进攻罗马,以报跪求之辱。在亨利的强兵面前,格里高利弃城逃跑,客死他乡。

中国有句俗语叫"大丈夫能屈能伸",说的便是忍辱负重。试想,假如当时韩信逞一时之勇而与对方打斗,哪还有后来的"常胜将军"称号呢?假如亨利放弃信念、破罐子破摔,哪还有日后的至尊、荣耀呢?

3. 小不忍则乱大谋

"小不忍则乱大谋"这句话我们都听说过,它的道理是:生活中,有些东西我们只有去忍一时,才会见到等在后面的成功。

如果能忍这一时,能将痛苦忍一忍,能将小事忍一忍,那么,就不会有"小不忍则乱大谋"这样的失败之事了。

能够忍让的人,事情一般都能够做好。能够宽容待人,忍一时风浪,迎来广阔天空,这是古人的经验,也是今人欲成大事须至于别人是否正确,那也是无所谓的事。养成的习惯之一。

在楚汉相争中,刘邦由于势单力薄,经常吃败仗。汉高祖四年(前203年),刘邦兵败,被项羽围困在荥阳。而他的大将韩信自领一军,北上作战,捷报频传,攻下魏、赵、燕诸王国,最后又占领了齐国全境。

五月,韩信派使者来见刘邦,说:"齐人狡诈反复,齐国又与强楚为邻,如果不设王威慑,不足以镇抚齐地,请大王允许我暂代齐王。"

刘邦一听,当然不依,如今大敌当前,这小子竟敢"趁火打劫",胁迫我分权与他!刘邦气愤不过,便破口大骂:"我坐困荥阳,日夜盼望你韩信带兵来增援,你不但不来,反要自立为王!我……"

正骂着,刘邦感到自己的脚被人踩了一下。他恶狠狠的目光一扫,张良向他示意了一下。刘邦知道,他一定有重要的话要告诉自己,便打住了话题。

张良清楚地知道韩信是当世首屈一指的将才,目前又拥有强大的兵力,处在举足轻重的地位上。刘邦如与韩信翻脸,轻则形成刘邦、韩信、项羽三强鼎立,重则导致项羽、韩信联合攻汉。无论出现哪一种情况,都对刘邦大为不利。反之,如果能调动韩信的兵马,就能拖住楚军,重创楚军。于是,张良果断地用脚踩刘邦,制止他骂出那些无法收场的话来。

张良靠近刘邦,悄声说:"大王,韩信手握重兵,右投则大王胜,左投则项羽胜。因此,我们对他的要求要慎重考虑。"

刘邦是个个性坚忍的人,他压住怒火,当即下令派张良为使节,带着印绶到齐地去,立韩信为齐王,并征调韩信的军队。结果,战争形势很快便发生了重大转折:汉军由劣势向优势转变,逐渐对楚形成了包围之势。

经过几年激战,刘邦终于在垓下全歼楚军,取得了战争的最后胜利。

君子有所忍有所不忍,在利于大局的情况下,忍是一种智慧;在鸡毛蒜皮的小事上,忍是一种涵养;在人际交往中,忍是一种气度。有修养的人，从来不会在毫无意义的事情上发火动怒。只有生活中的智者，才能品味出忍的力量。

隋朝末年，李渊从太原起兵后不久，便选重关中作为长远发展的基地。因此，借"前往长安，拥立代王"为名，他率军西行。

李渊西行入关，面临的困难和危险主要有三个：第一，长安的代王并不相信李渊会真心"尊隋"，于是派精兵予以坚决阻击；第二，当时势力最大的瓦岗军半路杀出，纠缠不清；第三，瓦岗军还用一部分主力部队奔袭晋阳重镇，威胁着李渊的后方根据地。

这三大危险中，隋军的阻击虽已成为现实，但军队数量有限，且根据种种迹象判断，隋廷没有继续派遣大量迎击部队的征兆。但后两个危险却是致命的，瓦岗军的人数在李渊的10倍以上，第二种或者第三种危险中，任何一个的进一步演化都将使李渊进军关中的行动夭折，甚至全军覆没。

为了能扭转形势，李渊急忙写信给瓦岗军首领李密，详细通报了自己的起兵情况，并表示了希望与瓦岗军友好相处的强烈愿望。

不久，使臣带着李密的回信又来到了唐营。李密在信中劝说李渊应同意并听从他的领导，并速速表态。

当时，李密拥有洛阳要塞，附近的仓中粮帛丰盈，控制着河南大部。向东可以阻击或奔袭在扬州的隋炀帝，向西则可以轻而易举地进取已被李渊视为发家基地的关中。

李渊深知此时情况于己十分不利，如若此时再与李密为敌,后果将是"灭顶之灾"。眼下之际,只有先假意屈服于李密,日后再与他算账不迟。于是,李渊对次子李世民说:"李密妄自尊大,绝非一纸书信便能招来为我效力的。我现在急于夺取关中,不能立即与他断交,增加一个劲敌。"于是,李渊回信道:"天生庶民,必有司牧,当今为牧,非子而谁?老夫年逾知命,愿不及此。欣戴大弟,攀鳞附翼,唯弟早膺图箓,以宁兆民。宗盟之长,属籍见容。复封于唐,斯荣足矣。擅商辛于牧野,所不忍言;执子婴于咸阳,未敢闻命。汾晋左右,尚需安缉,盟津之会,未有卜期。谨此致覆!"大意是:当今能称皇为帝的只能是你李密,而我则年已五十有余,无此愿望,只求到时能再封为唐公便心满意足,希望你能早登大位。因为附近尚需平定,所以暂时无法脱身前来会盟。这封信巧妙地掩藏了李渊争夺天下的野心,使李密放下了心。

李世民看了信说:"此书一去,李密必专意图隋,我可无东顾之忧了。"果然,李密得书之后十分高兴,对将佐们说:"唐公见推,天下不足定矣!"

李渊授李密之好,不仅消除了李密争夺关中的危险,而且还为李渊西进牵掣住了洛阳城中可能增援长安的隋军,从而达到了"乘虚入关"的目的。李密自以为聪明,实际上,自己中了李渊之计。他对李渊信任有加,常给李渊通信息,更无攻伐行为,只专力与隋朝主力决斗。之后几年中,李密消灭了隋王朝最精锐的主力部队,而自己也被打得只剩两万人马。而李渊则利用有利时机发展成了最有实力的势力,不费吹灰之力便收降了李密余部。

"小不忍则乱大谋",这句话在民间极为流行,甚至成为一些人用以告诫自己的座右铭。 有志向、有理想的人,不应斤斤计较个人得失,更不应在小事上纠缠不清,而应有开阔的胸襟和远大的抱负。 只有如此,才能成就大事,从而实现自己的梦想。

4. 克制自己的不利情绪

做人要忍,尤其是那些性情暴躁之人,一定要控制好自己的不利情绪。 当然,在人生当中,不利的情绪有很多种,我们在此暂不一一而论,只谈谈愤怒对于人生的不利影响。

遇事不要轻易发火,要学会自制,因为得罪的人多了,将不利于自己日后的发展。 在现实生活中,因一时愤怒酿成大错或大祸的事绝非少见。 其中,美国著名的巴顿将军就有过这么一次。

巴顿将军某日来到前线医院看望伤员。他走到一病号前,病号正在抽泣。

巴顿将军问:"你为什么抽泣?"病号抽泣说:"我的神经不好。"巴顿又问:"你说什么?"病号回答说:"我的神经不好,我听不得炮声。"

巴顿将军立刻毫无理智地大发雷霆:"对你的神经我无能为力,但你是个胆小鬼,你是混蛋!"之后,巴顿依然难以泄恨,又给了这个病号一个耳光,并喊道:"我不允许一个王八蛋在我们这些勇敢的战士面前抽泣。"说完,他又毫不犹豫地给了那个病号一耳光,还把病号的军帽丢至门外,接着大声对医务人员说:"你们以后不能接受这种龟儿子,他们一点儿事也没有。我不允许这种没有半点儿男子汉气概的王八蛋在医院内占位置。"

临出门前,巴顿将军转头又对病号吼道:"你必须到前线去,你可能被打死,但你必须上前线。如果你不去,我就命令行刑队把你毙了。说实话,我真想亲手把你毙了。"

这件事很快被披露,并在美国国内引起了强烈的反响。好多母亲要求撤巴顿的职,有一个人权团体还要求对巴顿进行军法审判。尽管,后来马歇尔从大局出发,巧妙化解了这件事,但巴顿还是因为打骂士兵而声名狼藉。这种轻率、浮躁的作风以及政治上的偏见,也为他战后被撤职埋下了祸根。

轻易动怒,既伤身又损财,明智的人是不会那么冲动,随便宣泄自己愤怒的情绪的。 因为一些小事而跟人争斗甚至打官司,是不利于延年益寿的。

对待别人的小过失,我们不能斤斤计较,而应该采取忍耐、宽容的态度。

一个人,如果身为领导而不能克制自己的情绪的话,就会危害到他手下的人;如果作为一个普通员工而不能克制自己的情绪的话,就会冲撞到他的上司;一个家庭,如果成员之间不能互敬互爱、相互理解,就会导致家庭的混乱甚至破裂;国家之间,如果不能互相谅解和宽容,就会引发战争,使老百姓蒙受灾难,生灵涂炭。

轻易发怒有百害而无一利。 为此,我们可以学学古人,看看他们是怎么做的。

富弼是北宋仁宗时一位品行优良的宰相,然而,富弼年轻的时候因能言善辩,在无意间得罪了不少人,从而给自己的事业、生活带来了不利影响。经过长时期的自省,他的性格逐渐变得宽厚、谦和。后来,当有人告诉他谁在说他的坏话时,他总是笑着回答:"怎么会呢?他怎么会随便说我呢?"

一次,一个穷秀才想当众羞辱富弼,便在街心拦住他道:"听说你博学多识,我想请教你一个问题。"

富弼知道来者不善,但也不能不理会,只好答应了。

秀才问富弼:"请问,欲正其心必先诚其意,所谓诚意即毋自欺也,是即为是,非即为非。如果有人骂你,你会怎样?"富弼想了想,答道:"我会装作没有听见。"秀才哈哈笑道:"竟然有人说你熟读四书,通晓五经,原来纯属虚妄。富弼才智驽钝,充其量不过是个庸人而已!"说完,大笑而去。

富弼的仆人埋怨主人道:"您真是难以理解,这么简单的问题我都可以回答,怎么您却装作不知呢?"

富弼说道:"此人乃轻狂之士,若与他以理辩论,必会剑拔弩张、面红耳赤,无论谁把谁驳得哑口无言,都是口服心不服。书生心胸狭窄,必会记仇,这是徒劳无益的事,又何必争呢?"

几天后,那秀才在街上又遇见了富弼。富弼主动上前打招呼,秀才不理,扭头而去。走了不远,他又回头看着富弼大声讥讽道:"富弼乃一乌龟耳!"

有人告诉富弼,那个秀才在骂他。

"是骂别人吧!"

"他指名道姓骂你,怎么会是骂别人呢?"

"天下难道就没有同名同姓之人吗?"

他边说边走,丝毫不理会秀才的辱骂。秀才见无趣,也不再白费力气,便走开了。

人的一生,谁都难免遇上难堪的误解,遭到他人不公正的批评甚至辱骂。 不论是卑鄙的、恶毒的、残酷的,你都千万不要被对方一句不公正的批评或难听的辱骂而激得像对方一样失去理智。 获胜的唯一战术,就是保持沉默,不和别人发生正面冲突,就连多余的解释也没必要。 因为在这种情况下,相互争吵、辱骂既不会给任何一方带来快乐,也不会给任何一方带来胜利,只会带来更大的烦恼、更大的怨恨、更大的伤害。 退一步讲,在对骂中没有占上风的一方,必会因当众出丑而对自己的鲁莽行为深感悔恨。 而占了上风的一方虽然把对方骂得体无完肤,但结果又能怎么样?只能加深对方的对立情绪,加深对方的怨恨。

有一首歌谣这样唱道:"他人气我我不气,我本无心他来气。 倘若生气中他计,气出病来无人替。 请来大夫将病医,他说气病治非易。 气之为害太可惧,不气不气真不气。"这首歌通俗易懂,寓意深刻,其中虽然有消极的一面,但仍不失为有益的养身之道,尤其是对那些一遇事就跳、一说就叫的人,可算是一剂良方。

Part 5

审慎行事,小心身边的陷阱

模糊语言，给自己留下回旋的余地

现在，许多政府官员在面对记者的询问时，都偏爱用这些字眼，诸如："可能、尽量、或许、研究、考虑、评估、征询各方意见……"这些都不是肯定的字眼，他们之所以如此，就是为了留一点空间好容纳"意外"，否则，一下子把事情说死了，结果事与愿违，那不是很难堪吗？

所以，在答应别人某事时，人们开始注意使用"模糊语言"，以便自己赢得主动；在拒绝别人时，则先拖延一下，不当面拒绝，答应考虑一下，给自己留下了回旋的空间，以便使自己"进退有据"；在批评别人时，特别是有多人在场时，最好"点到为止"，以维护对方的自尊；在与人争论或争吵时，也不使用"过头话""绝情语"，以便对方体面地下台。

对一些不太好把握的事，大家则不明确表态，东拉西扯，说的都是一些无关痛痒的话；对于难以回答的问题，就先放一放，免得考虑不周，说错了让自己受牵连；对那些表面看来无关大局的事，就含蓄地处理，巧妙地避开疑难之处，以免引火烧身。另外，对于某些难以回答而又不好回避的问题，则会含糊其辞，来一番隐晦笼统的回答，如"可能是这样""我也不太了解"等等，以便给自己留有余地。总之一句话，无论办什么事、说什么话，能推则推，能拖则拖，以自己不担责任为上策。

例如，一天，上司把一项工作交给一位下属，这项工作有相当的困难，上司问他："有没有问题？"他拍着胸脯回答说："绝对没问题，包您满意！"过了几天，没有任何动静。上司问他情况怎样，他不好意思地说："不像想象中那么简单！"虽然上司同意他继续努力，但对他的随便"拍胸脯"已有些反感。

把话说得太绝就像把气球充满了气，就再也充不进一丝丝的空气，再充就要爆炸了。凡事总有意外，使得事情发生变化，而这些意外并不是人们所能预料的，因此，话不要说得太绝，要给自己留条路，就是为了容纳这个"意外"。杯子留有空间就不会因再加水而溢出来，气球留有空间便不会因再充一些空气而爆炸，人说话留有空间，便不会因为"意外"的出现而把自己逼向绝路，而可从容转身。

所以，按照模糊规则的要求，以下的状况是你在说话时应该注意的。

做事方面：

（1）对别人的请托可以答应接受，但不要"保证"，应代以"我尽量""我试试看"的字眼。

（2）上级交办的事当然要接受，但不要说"保证没问题"，应代以"应该没问题，我会尽力"之类的字眼。

这是为万一自己做不到所留的后路，而这样说事实上也无损你的诚意，反而更显出你的审慎，别人会因此更信赖你，事没做好，也不会责怪你。

做人方面：

（1）与人闹不愉快，不要口出恶言，更不要说出"势不两立"之类的话，除非有深仇大恨。不管谁对谁错，最好是话留三分，以便以后需要携手合作时不会太难堪。

（2）对人不要太早下评断，像"这个人没救了""这个人一辈子没出息"之类属于"盖棺论定"的话最好不要说,因为人的一生,变幻莫测,很难预料。 也不要一下子评断"这个人前途无量"或"这个人能力高强"。 总之,应多用"是……不过……如果"之类的话语。

　　除非必要,做人、做事还是保留一点儿空间的好,既不得罪人,也给自己留条路。 总之,学会圆融处世,多用中性的、模糊的语言就对了。

太极推手，推掉麻烦与危险

在现今社会，"推"是一项大家都做而不说、心知肚明的管理手段。其基本含义是：在推行既定目标或新的举措过程中，对所遇到的诸多障碍因素不采取直接的消除措施，而是运用时空的自然跨度，促使障碍因素自我化解或消除，从而促成与上司意志相一致的行动。

这种"太极推手"的运用范围十分广泛，大到宏观决策，小至一次谈话；长到几年，短至几分钟，甚至某一瞬间的几十秒钟都有可以成为"推"充分运用的时空。

可以说，这种"推"的现象在我们身边比比皆是。

例如，如果完全按照传统原则去做，那只能对事情本身有利，在很多情况下很可能对自己不利，起码没什么好处。试想，对自己没有丁点好处，却有可能带来风险的事情，难道不该一推六二五吗？另外，当有人提出某件事情要求处理时，你对这件事情一无所知、情况不明，难以做出正确的判断和处理，在这种情况下你就会说："让我了解一下情况再答复你。""推"的目的是为了把事情的来龙去脉搞清楚，看看是不是要担责任，然后再做决定。

所以说，身为上司，对于属于自己下属职权范围内的事情，如果下属能够自行处理的，千万不要越俎代庖，而应"推"给下属，以免承担不必要的责任，影响了自己的仕途发展；对下属没有把握或感到无力处理的事情，上司也不要急于处理，可先让下属拿一个初步的处理意见，在此基础上，对其进行指导和纠正。这样，既可以发挥下属的作用，又可以锻炼下属解决实际问题的能力，达到培养和提高下属的目的。

"推"的艺术运用与否,有其自身内在需求和运用范围,不可不看条件和对象乱用,否则,会如同守株待兔一般得不偿失。用一句形象的话来概括,"推"的艺术就是"火候"二字。所谓"火候",就是因势而动。如何运用,不外乎以下几个方面。

首先,要根据客观实际,灵活地采取适当的方法。上司对推行意图过程中的问题不太了解、不熟悉,或是所遇到的矛盾非常尖锐,或是在讨论会上一时达不成一致意见,抑或通过的人数超过不了半数,或是群众和下级对你的意图暂时不能服从等诸如此类的问题,就要采取"悬球法",把问题暂时搁置起来,先放一段时间,待眉目清晰,相宜之处有了统一的基础,再行处理。

在班子内部或下属中,常常会遇到一些个性突出、难与他人相处的人,或固执古板,或举止粗俗,或恶语伤人,或针锋相对,会使上司陷入无谓的纠缠中去,因而,应采取"推"的艺术,让时间和事实说话。

此外,身为据有权柄的上司,在实际工作中,一定要分清事情的轻重缓急,对急需处理的事情就应立即处理,不可随便往外推。因为推了不仅要误事,而且还有可能影响到你自己。你想,人家心急火燎地找你,你却把他推出去,他对你肯定会有意见。等他去找其他上司,别人就会知道你是在推卸责任,进而影响班子成员之间的关系。因此,该自己办的事,不要推给别人;该现在办的事,不应拖延时间。

其次,要看对象,因人而异。有些问题的处理,一定要考虑到当事人的个性特点,看其接受程度如何,"推"能不能取得预期效果,达到"推"的目的。如果当事人接受不了,容易产生逆反心理或误解,加深矛盾,甚至会发生新的问题,比如,性急的人不到黄河心不死，鲁莽的人自我控制能力比较差。遇到这种对象，最好不要推，因为推了会使矛盾加剧，甚至激化，产生难以想象的不良后果。

再次，要看火候，适可而止。在实际工作中，有的事情可以"推"下去，一推到底，不言自明，自生自灭。有的事"推"到一定程度就要适可而止。因为事物随着时间的推移会不断发生变化。因此，"推"不是放手不管、一推了之，而是要密切注意观察其发展变化，把握好"推"的火候，适时进行处理，以期达到适时、适度和恰到好处的妥善解决矛盾和问题的目的。

当然，在待人处世中，"推"只是巧妙推卸责任的方法之一，不可不分青红皂白，随便乱"推"，而要对具体问题做具体分析。不论推也好、不推也罢，或推到何时还是立马处理，都要以不影响大局为标准。

适当警惕，现实没有想象的那么好

在现实社会中，既不要盲目地相信人，也不能轻易去怀疑人。盲目地相信人，对任何人和事都毫不怀疑地轻信，是幼稚；盲目地怀疑人，对任何人和事都毫无根据地怀疑，是固执。

盲目地相信别人和盲目地怀疑别人都是不可取的，是两个错误的极端。

盲目地相信人，认为世上每一个人都和你一样真诚，对任何人和事都不假思索地轻信，唯别人之言是听、是信、是行，这说明你还很幼稚，还很不成熟，上当受骗也就不足为奇了。

盲目地怀疑人，对任何人和任何事都持不信任的态度，时时处处疑神疑鬼，把任何人都想象成骗子，对谁都横加提防，对谁都留一手，那你就只能做人世的独行侠了。因为，没有真正的信任，就不会有真诚的友谊。不仅如此，还会加重你的精神和心理负担，增加你的担忧、烦恼和孤独感。

当我们不能确定是否应该相信一个人的时候，最好能够冷静地想一想、等一等，让时间和他的行动给出证明。如果他是一个骗子，他对你说的话是假的，他迟早会露出狐狸尾巴，不可能一直骗下去。而他如果是一个真诚的人，你却无端地怀疑他，你就可能会失去一个愿意帮助你、能够给你带来欢乐的好朋友。

莫泊桑在其长篇小说《人生》中写了这样两句话："人生啊！从来不像你想象中的那么好，但也不像你想象中的那么坏！"

记住这两句话，你就知道该怎样对待别人了。

别太轻信，信誉越来越靠不住

一位慈祥、和蔼的爷爷正和小孙子在屋里玩耍，爷爷满脸爱意地和小孙子在沙发、窗台间转来转去，小孙子玩得开心极了。

爷爷把孙子放在壁炉上，鼓励他使劲儿往下跳，跳了一次，爷爷接住了他，又把他抱上壁炉，鼓励他再跳。小孙子看见爷爷伸着手，毫不犹豫地跳下来，但这一次，爷爷突然缩回双手，小孙子扑通一声掉到地上，痛得大哭大闹，爷爷却在一旁微笑着。

面对旁人不解的神色，爷爷回答道："我是个成功的商人，我知道怎样去相信别人。而小孙子并不知道，他以为爷爷是可靠的。但这样的事情重复上二至三遍，他就会渐渐明白：爷爷也不可靠，不要盲目相信任何人，靠得住的只有自己。"

所以说，能在现今瞬息万变、风云莫测的商场中成就大事的人都不会轻信于任何人。虚假的需求信息、深藏欺诈的报价、吹得天花乱坠的广告，都是防不胜防的陷阱，你若没有点儿怀疑精神，随时可能血本无归。

孙子兵法云：知己知彼，百战不殆。尤其是与人合作，更不可忘记这一深刻的古训。永远对你的对手保持警惕和戒备，随时随地密切注视对手的情况，如果不把问题弄个水落石出，就仓促与对方签合同做生意，将是十分危险的。 据资深的厨师讲，每条鱼的纹路都不一样，从鱼的外观可以分辨出鱼的味道，而我们多数人在同对手打交道很长时间后，仍然对对手的情况知之甚少，而且我们还缺少对他们了解的好奇心，这样粗枝大叶地做生意，又怎么能指望获得全面的胜利呢？

还有的人对信誉的依赖过分突出。 不错，越来越多的商人懂得建立良好的信誉意味着生意的兴隆。 信誉作为自己的事情，当然越牢固越好，但具体到每一笔生意时，信誉是不能依靠的。

孙子兵法还说：兵不厌诈。 真正的成大事者和高明的骗子都知道这个道理，很可能刚开始在你面前显示的几次信用不过是诱你步向深渊的一个诈术。

现在，商场上骗子们的表现形式无法预料，行骗手段高明得让人防不胜防。 有时骗子抛出烟幕弹，让人信以为真；有的真真假假，使人难以分辨；更为可怕的是放长线钓大鱼。 被骗前的所有交易都是货真价实，以此赢得信赖。 一旦行骗，便卷走巨额货物，销声匿迹，无处寻觅。

报纸、电视上报道的许多职业骗子所采用的方法就是放长线钓大鱼的骗术：首先，骗子在与你交易前，为了获取信任，会主动提出大家喜欢的结算方式，现金支付。 在随后的几次买卖中，都无例外地使用现金交易。 因为这些交易规模不大，使用现金支付并不困难。 在长达一年的时间内，骗子都是一手交钱、一手交货购买商品。

几次小的签约都严格地执行，在对方心理上产生错觉，误认为大的交易同样值得依赖，继而被骗子钓走了大鱼，蒙受了巨大损失。 放长线钓大鱼的骗术，有其隐蔽性的一面，长期贸易往来建立了信任感，使人不能轻易察觉到行骗动机。 但仔细观察的话，也是可以发现出一些规律，从 100 元到 1000 元，是一个循序渐进的过程，以 1000 元到 10 万元是突飞猛进的时刻。稍有心计的人便会想到去了解一下这位客户的经营状况、可信程度、销售渠道等情况。生意归生意，交情归交情，当一个亿万富翁破产时，照样是到处借不到钱。放长线，目的就是迷惑对方，倘若想不受骗上当，就得擦亮眼睛。

所以，在商海中沉浮的人非常清楚，即使成功地与对方合作了一次，也并不意味着下一次就有保证。轻易取信于人带给你的只是一个虚幻的"靠山"，目的不是成就你，而是打败你。

隐藏一些，心事不可随便说

现今的社会，是不能随便与人推心置腹的。我认识的某机关一位姓王的局长在这方面就曾有过沉痛的教训。

大概是1998年秋天，他们局分配来一个名牌大学毕业的大学生，王局长是个非常爱才的人，便对他另眼相看，那大学生也对王局长极尽奉承、巴结和讨好。时间一长，两人几乎成了推心置腹的朋友。王局长什么事都不瞒他，甚至连自己和副局长之间的不和也和盘托出。

后来，王局长渐渐感到，副局长与自己的矛盾日益加深，关系越来越僵，甚至时常当面出语顶撞，眼看两人实在无法共事，上级只好把二人调开完事。

本来，两个人的矛盾就是因工作而起，既然不在同一个部门工作了，矛盾自然就少了许多。日子一长，两人渐渐消除旧怨，重新搭话，王局长意外地发现副局长当初对他敌意陡增、态度突变，全是因为那个大学生在中间传话捣的鬼。他把局长批评副局长的话全部一五一十地告诉了副局长，还附带说了许多批评王局长的话。

王局长如梦初醒，大呼上当，愤然去找那位大学生。谁知，大学生却说道："我既没有造谣，也没有诽谤。我是人，总有表达我自己观点的权力吧？你可以想想，我在你面前是否说过副局长的坏话？如果没有，那就不是挑拨离间。"王局长哑然无语。

　　痛定思痛，王局长发现自己犯了心事随便说的错误。当你在领导岗位上时，别人对你总有几分敬畏。你说话时，别人常会诺诺应声，但千万不能据此认为别人和你的想法是一致的，尤其是不该让下属知道的事（比如领导与领导之间的矛盾），即使关系相当好，也绝不能透露半个字。

　　其实，又何止是当领导的需要有防人之心？在现实生活中，每个人都会有心事，但心事不能随便对人倾吐，要慎言谨行。之所以处理心事要这么慎重，是因为心事的倾吐会泄露一个人的脆弱面，这脆弱面会让人下意识地瞧不起你，最糟糕的是脆弱面被别人知道，会形成他日争斗时你的致命伤，这一点不一定会发生，但你必须提防。

　　心理学家说，人若有心事，应该说出来，才不会在心内郁积，闷出病来。这个说法基本上是没错的，但我们认为，要说可以，但不能"随便"说。所谓"随便"是指：没区分"心事"的等级；没区分说的对象。

　　换句话说，如果你的心事必须一吐为快，一定要想到：这件事能对他讲吗？会不会造成不必要的麻烦？

　　有些心事带有危险性与机密性，例如，你在工作上承担的压力与牢骚，你对某人的不满与批评，你对某事的意见。当你痛快地倾吐这些心事时，有可能以后会被人拿来当成和你竞争的有力武器，这是很危险的。

　　那么，对好朋友总应该可以畅谈自己的心事吧？还是不可随便说出来，你要说的心事还是要有所选择，因为你目前的好朋友未必也是你未来的好朋友，这一点你必须清楚。

那对自己的爱人、父母总可以说吧？我们仍然强调：不可随便说出来，除非你的爱人对你有充分的了解与信赖。但两个不同个体，智慧与经验总有缺乏交集的地方，你的爱人对你的心事的感受与反应有时并不是你所预期的那样，譬如说，她（他）因此对你产生误解，甚至把你的心事也说给别人听。父母一般年事比较高，心理承受能力较弱，你的心事会给他们造成很大的负担，对他们的健康不利。

然而，闭紧心扉，心事滴水不漏也不是好事，因为这样你就成为一个城府深、心机沉、不可捉摸与亲近的人了。如果你给了别人这种印象，这是划不来的，因为再也没有人会信赖你，他们也不敢信赖你，你的人际关系将非常糟糕。所以，我们认为：偶尔也要说说无关紧要的"心事"给你周围的人听，以降低他们对你的揣测与戒心。这样，既可以获得别人的信赖，又没有暴露自己的脆弱面，何乐而不为呢？

深思熟虑，多点戒心没坏处

如果你留心的话，就可以发现，现在同事之间很少有真正能够交心的朋友，许多人平时嘴上说得非常漂亮，可如果一幢大楼失火，顶楼的人们都想乘直达电梯下去，就会造成拥挤，哪里还会有人管你是不是下去了。 相同的，一家公司有了肥缺，大家免不了会争着去而形成混乱。 无论在人生的战场、情场，或是商场和职场，任何人都很难期望通行无阻。 在现实生活中，更是常常会为了什么蝇头小利而挤得头破血流。 所以说，平时在跟同事相处时，要怀有戒心，不要将同事们怀有某种企图的说话太当真。

俗话说，"逢人只说三分话，未可全抛一片心"，这就是提醒你，在待人处世中，千万不要动不动就把自己的老底交给对方。 不论在任何情况下，都要留下七分话，不必对人说出。 你也许以为，大丈夫光明磊落，事无不可对人言，何必只说三分话呢？老于世故的人，的确只说三分话，你一定认为他们是狡猾，很不诚实，可是，说话须看对方是什么人，如果对方不是可以尽言的人，你即使说三分真话，已嫌过多了。

孔子曰："不得其人而言，谓之失言。"对方倘不是相知的人，你也畅所欲言、以快一时，那对方的反应会如何呢？你说的话，是属于你自己的事，对方愿意听吗？彼此关系浅薄，你与之深谈，显出你没有修养；你说的话，是属于对方的，你不是他的诤友，不配与他深谈，忠言逆耳，显出你的冒昧！

所以，逢人只说三分话，不是不可说，而是不必说、不该说。

事无不可对人言，是指你所做的事，并不是必须尽情向别人宣布。老于世故的人，是否事事可以对人言，是另一问题。他的只说三分话，是不必说、不该说，绝不是不诚实，绝不是狡猾。

另外，和人初次见面，或才见过几次面，就算你觉得这个人不错，而他也喜欢你，你也不该把你的心一下子就掏出来。因此，对还不了解的人，无论说话或作为，都要有所保留，不可一厢情愿。

告诉你不要一下子就把心掏出来，并不是教你做个虚伪、城府深沉的人，而是人性复杂，你若一下子就把心掏出来给对方，用心和他交往，那么，就有可能"受伤"。

把心掏出来，这代表你的真诚和热情，但见你把心掏出来，他也狠心掏出来的人不太多，而且也有掏的是"假心"的人。若这种人别有居心，刚刚好利用了你的弱点，好比薄情郎对痴情女一般，那么，你的日子就不好过了；而会玩手段的人，更可以因此把你玩弄于股掌之中。

也有一种人，你把心掏出来给他，他反而不会尊重你，把你看轻了，有些人就是有这种劣根性；你对他冷淡一些，他反而敬你又怕你。换句话说，对这种人来说，太容易得到的感情，他是不会去珍惜的，那么，你的付出不是很不值得吗？

另外，还有一种状况，你一下子就把心掏出来，如果对方是个谨慎的人，那么，你反而吓着了他。因为他怀疑你这么坦诚是另有目的，如果是这样，你不是弄巧成拙，弄坏了有可能发展的情谊吗？

因此，与其把心一下子掏出来，不如慢慢观察对方，等有了了解之后再"交心"。你可以不虚伪，坦坦荡荡，但绝不可把感情放进去，要留些空间作为思考、缓冲——不掺杂感情因素。这样，一切就好办了。

一位牙病患者坐在牙科医生的椅上时，他总是尽量地张大嘴巴。但是在待人处世中，即使是一个最简单的事情也得深思熟虑。要养成习惯，在你张开自己的嘴巴之前，要尽量了解其他人的观点。这当然要花费一点儿精力，但为了取得好的结果，这是值得去努力的。

保护自己,小心"一见如故"的陷阱

"一见如故"是很多初次见面的人习惯使用的一句话,意思是:虽然是初次见面,可是彼此的感觉就好像已经认识很久了一般。

社会上的确是有"一见如故"的情形发生,但这种情况很少,只会是个别。能碰到"一见如故"是人生中的一种幸运,因为彼此可以不用过多的试探对方,而可直接进入到"交心"的层次。可是,从怀疑规则来看,一见如故固然是"幸运",但有时却也是"不幸"的开始。

在人性丛林里,人会呈现他的多面性,在不同的时空,善与恶可以出现不同的转换。也就是说,本性属"恶"的人在某些状况之下也会出现"善"的一面,本性属"善"的人也会因为某些状况的引动、催化而出现"恶"的作为,而何时何地出现"善"与"恶",甚至自己也无法预测及掌握。例如,一个正人君子就有可能会因为一时的贪念而干出他过去所无法想象的事,但事情就是发生了,连他自己都感到不解。

如果"一见如故"只是一句客套话,你的热切回应不但无法对对方产生效用,自己也会因对方随之而来的冷淡而"受伤",更有可能过多地暴露自己,反给有心人以可乘之机;而最有可能的是,你把对方吓跑了。如果对方真的另有所图,你的热切回应正中其下怀,结果也就不用多说了。

因此,当你听到"一见如故"这句话时,你应该:

第一,想想自己有没有因为这句话而兴奋、感动?如果有,那么赶快浇熄、扑灭这些兴奋和感动,以免自作多情或自投罗网。

第二，如果对方的"一见如故"还有后续动作，你应该谨慎地与之保持一种善意的距离，保持距离的目的是在检验对方用心的真伪，以免自己受伤。

第三，如果对方和你彼此都"一见如故"，这很难得，要好好珍惜。但同时也不要忘了"距离产生美"这句话，不要因太过接近而彼此伤害，葬送有可能健康发展的友情。如果"一见如故"只是对方一厢情愿，则"话不投机半句多"，不必花太多心思在这上面。

然而，你最应该提防的是，"一见如故"中，有心者常会给你戴高帽，说一些奉承、拍马的话，这很容易迷惑，影响你的判断，也最难抗拒。因此，当听到这类话语时，你就要保持高度的警觉，不要因为一句话而毁掉你的一生。

另外，若想彻底跳出"一见如故"的陷阱，你还要具备看人的学问。

那么，我们该如何来看人呢？

我们提出这样的建议：用"时间"来看人。

用"时间"来看人，就是指通过长期观察，而不是在见面之初就对一个人的好坏下结论。因为过早下结论，会因你个人的好恶而出现认识偏差，从而影响你们的交往。另外，人为了生存和利益，大部分都会戴着假面具，你最初所见到的是戴着假面具的"他"，而并非真正的"他"。这是一种有意识的行为，假面具有可能只为你而戴，扮演你所喜欢的角色，投你所好，如果你据此判断一个人的好坏，并进而决定和他交往的程度，那就有可能吃亏上当。

用"时间"来看人，就是在初次见面后，不管你和他是"一见如故"还是"话不投机"，都要保持一些距离，而且不掺杂主观好恶的感情因素，然后冷静地观察对方的行为，然后再决定你们交往的度。

用"时间"来看人，你的同事、伙伴、朋友，一个个都会"原形毕露"。你不必去揭下他的假面具，他自己自然会将真面目呈现出来，展现其真实的一面。

所谓"路遥知马力，日久见人心"，用"时间"来看人，你才能真正看清人。用"时间"特别容易看出以下几种人：

1. 不诚恳的人

因为他不诚恳，所以对人、对事会先热后冷，先密后疏，用"时间"来看，很容易看出这种变化。

2. 说谎的人

这种人常常要用更大的谎言去圆前面所说的谎话，而谎话一说多、说久了，就会露出前后不能兼顾的破绽，而"时间"正是检验这些谎言的利器。

3. 言行不一的人

这种人说的和做的是两回事，但通过"时间"，便可发现他的言行不一。

事实上，用"时间"可以看出任何类型的人，因为这是让对方不自觉现形的"检验师"，最为有效。

至于多久的时间才能看出一个人的真性情、真本质，这并无一定的规定，完全因情况而异。也就是说，有人可能第二天就被你识破，而有人好多年了却还"云深不知处"，让你摸不清楚。因此，与人交往，千万别过早下结论，先要后退几步，并给自己一些时间来观察，这是最起码地保护自己的方法。

Part 6

妙言巧语,会说话是一种掌控力

从"心"出发,学会以情动人

日本有一个这样的故事。

真田广之替已过世的父亲守灵。他的老家离东京很远,即使坐电车也要花三个钟头时间,而且那时的电车还不像现在这样每一小时发一班车,所以,交通很不方便。当时他心里想:外地的亲戚朋友是不可能前来凭吊的了。但出乎意料的是,在整个晚上都没有任何一个亲属到来的情况下,一个女子突然出现在他的面前。

"田中小姐,你怎么来了……"

当时,真田简直感动得难以言表,因为她不过是他的一名同事而已,真难以想象她会在下班之后,搭乘电车赶到他的老家来。况且当时天色已经很晚,她又不太认得路,肯定是挨家挨户询问才找到他家的。

"你经常来这里?"真田问道。

"不,今天是第一次,我只是想来凭吊一番……"

"太谢谢你了,太谢谢你了!"

真田简直感动得不知道该说什么才好,心想:她是个多么好的同事啊!这位同事的确拥有很好的人际关系,在公司里,不论男女都是这么认为的。她得到了大家的信任,只要是她说的话,大家都认为不会错,而且也愿意按照她说的去做。这同时也表示,她是个说服力极强的人。

经过那晚的谈话，真田明白了她之所以说服力极强的秘密。她总是能以情动人，而说服别人按照自己的意图去办事的秘诀就在于攻心。平时别人遇到什么麻烦，田中小姐总是会伸出援助之手，这令所有人都为之感动。先得了人心，别人自然会心甘情愿听她的话。

可能平时我们没有太多时间和精力去助人为乐，但该事例告诉了我们一个关键信息：说服他人的核心点在于征服他人的内心，使对方在情感上有所共鸣。

文学家李密曾在蜀汉时担任过尚书郎的官职，蜀汉灭亡后，居家不出。晋武帝知道他有才干，便下诏命他进朝为太子洗马，但李密拒绝了。为此，晋武帝大怒。在这种情况下，李密写了一封信给晋武帝。

"我想圣明的晋朝是以孝来治理天下的，凡是年老之人，都得到了朝廷的怜恤和照顾，何况我祖孙孤零困苦的情况特别严重。

"我年轻的时候在蜀汉朝做官，任尚书郎，本来就希望仕途显达，并不矜持名声节操。现在，我是败亡之国的低贱俘虏，是身份卑微的人，受到过分的提拔，已经非常优厚，哪里还敢迟疑徘徊，有更高的渴求呢？

"只是因为我祖母刘氏如西山落日，已经是气息短促，生命不长。我如没有祖母的抚育，就难以有今日。祖母如失去了我的奉养，也就无法多度余日。祖孙二人相依为命，因此，我实在不能抛开祖母离家远行。

  "微臣李密今年 44 岁，祖母刘氏今年 96 岁。这样，我为陛下尽忠效力的日子还长，而报答祖母的养育之恩的日子短呀！故此，我以这种乌鸦反哺的私衷，乞求陛下准允我为祖母养老送终。

  "恳请陛下怜恤我的一片愚诚，慨允我微小的志愿，使祖母刘氏可以侥幸保其晚年，我活着也将以生命奉献陛下，死后也要结草图报。臣内心怀着难以承受的惶恐，特地作此书，奏闻圣上。"这就是流传百世的《陈情表》。将心比心，以情说理，李密在柔言细语中陈述自己的处境。武帝颇为感动，心头的怒火也自然平息了，他还赐给李密奴婢二人，并令郡县供养其祖母。

  这里还有一个国外的例子：

  杰克·凯维在加利福尼亚州的电气公司担任科长，他一向知人善任，并且每当推行一个计划时，总是不遗余力地率先做榜样，将最困难的工作承揽在自己的身上，等到一切都上了轨道之后，他才将工作交给下属，而自己退身幕后。虽然他这种处理事情的方法是很好的，但他太喜欢为他人做表率，所以，常常让人觉得他似乎太骄傲了。

  最近不知怎么回事，一向精神奕奕的凯维却显得无精打采。原来，最近的经济极不景气，资金方面周转不灵，再加上预算又被削减，使得科里的运转差点停顿。这种情形若继续下去，后果一定不可收拾。于是，他实施了一套新方案，并且鼓励职工："好好干吧！成功之后一定不会亏待你们的。"但没想到，眼看就要达到目标，结果还是功亏一篑，也难怪他会意志消沉了。平日对凯维就极为照顾的经理看了这些情形后,便对他说:"你最近看起来总是无精打采的,失败的挫折感我当然能够理解,但是我觉得你之所以会失败,乃是因为你只是一味地注意该如何实现目标,却忽略了人际关系这种软体的工程。如果你能多方考虑,并多为他人着想,这种问题一定能够迎刃而解。"经理停顿了一下,又接着说:"大丈夫要能屈能伸,才是一个好的管理人员。我觉得你就是进取心太急切了,又总喜欢为职工做表率,而完全不考虑他们的立场,认为他们一定能如你所愿地完成工作,结果倒给了职工极大的心理压力。大概也就是因为这个缘故,所以大家都说你虽能干,但当你的部属却很为难。每个人当然都知道工作的重要性,所以,你实在大可不必再给他们施加压力。你好好休息几天,让精神恢复过来,至于工作方面,我会帮助你的。"

杰克·凯维的一段亲身经历让我们知道,必须站在别人的立场,将心比心,才能真正达到说服对方的目的,否则,再多的自信和能力也无法让别人服从你。 会打棒球的人都知道,当我们要接球时,应顺着球势慢慢后退,这样的话,球劲便会减弱。 与此相似,我们在说服他人的时候,如果能将接棒球的那一套运用过来,相信说服会变得更容易。

唐代大诗人白居易说:"动人心者莫先于情。"意思是说,要说服人、打动人,必须动之以情,言语必须是诚心诚意的、发自内心,富有人情味和同情心,要让人听后觉得你是真心为他好,是设身处地地为他着想,而不是在应付他。 相反,冰冷的态度、程式化的言词,都会引起对方的逆反心理,增加说服的难度。

林肯在当律师时曾碰到这样一件事:

> 有一位老妇人是独立战争时一位烈士的遗孀,只能靠抚恤金维持生活。前不久,出纳员非要她交纳一笔手续费才准领钱,而这笔手续费相当于抚恤金的一半,这分明是勒索。
>
> 林肯知道后怒不可遏,他安慰了老妇人,并答应帮助她打这个没有凭据的官司(因为出纳员是口头勒索)。
>
> 开庭后,因原告证据不足,被告矢口否认,情况显然不妙。林肯发言时,上百双眼睛都盯着他。
>
> 林肯首先把听众引入对美国独立战争的回忆,他两眼闪着泪花,述说爱国战士是怎样揭竿而起,又是怎样忍饥挨饿地在冰天雪地里战斗。渐渐地,他的情绪激动了,言辞犹如挟枪带剑,锋芒直指那个企图勒索的出纳员。最后,他以严肃的设问,做出了震撼人心的结论:
>
> "1776年的英雄早已长眠地下,可是,他们那衰老而可怜的遗孀还在我们面前,我要求代她申诉。这位老人也曾是位美丽的少女,曾经有过幸福愉快的生活。不过,她已牺牲了一切,变得贫穷无依,不得不向自由的我们请求援助和保护,而这自由是用革命先烈的鲜血换来的。试问,我们能视若无睹吗?"发言至此,戛然而止。听众的情绪也非常激动:有的捶胸顿足,扑过去要撕扯被告,有的泪水涟涟,当场解囊捐款。在听众的一致要求下,法庭通过了保护烈士遗孀不受勒索的判决。

这就是感情的力量。唯有真挚的感情才能打动人、说服人，才能唤起民众、唤醒民心。

婆婆是家里的一把手，财政大权控于掌中，媳妇感到很不愉快。一天晚饭后，她诚恳地对婆婆说："您老人家操持全家的生活真是辛苦。有些事，我们可以办的，您尽管吩咐。现在大家收入增加了，不愁吃穿，生活可以安排得更丰富些。家里的经济收支，您安排得很好，以后您可以让我们试试，如果您觉得有不对的地方，也好帮我们纠正。"

婆婆非常乐意地接受了媳妇的要求。家庭气氛一如既往，其乐融融。

这就是攻心的威力。说服不是一项硬件工程，它需要先让人心动，然后才能把人说动。因此，一切从"心"出发吧！

关心体贴，让别人感觉到温暖

对人关心和体贴，自然会让人感到温暖。多说这一类话，会赢得真心的感动和感激。体贴，代表了对别人的爱护、关切和照顾。有一首歌这样唱道："只要人人都献出一点爱，世界将变成美好的人间。"对别人体贴就是对别人献出了爱，别人受爱的感化，也会以爱相回报。体贴的话会换来友爱，换来真诚，而"友爱"和"真诚"是每个人都需要的。有些人不是慨叹这世上"友爱"和"真诚"太少了吗？其实，只要问问他："你又给过别人多少体贴呢？"恐怕回答起来就很尴尬了。

此外，你平时对别人表现出的关怀，还会成为你求别人办事的一种途径。想想你平时对别人那么好，谁还能拒绝为你办些事情呢？

试想有一天，你去找你的朋友聊天。

平常你的朋友身体健康、精力充沛，在工作上也颇得心应手，单位内的人都认为他很有前途。可是有一天，他显露出悲伤的脸色，很可能是家中发生了问题。

他虽不说出来，一直在努力地抑制，可总会自然而然地在脸上流露出苦恼的表情。对这位朋友来说，这实在是件很尴尬的事，平时为了不让下属知道，他不得不极力装得若无其事。你们共进午餐后，他用呆滞的眼神望着窗外。此时，他那迷惑惘然的脸色，已失去了朝气。你对这种微妙的脸色和表情之变化，不能不予以注意。你应尽你最大的努力，找出他真正苦恼的原因，并对他说："小王，家里都好吗？"以假装随意问安的话，来开启他的心灵。

"不！我正头痛呢，我太太突然病倒了！"

"什么？你太太生病了！现在怎么样？"

"其实，也不需要住院，医生让她在家中休养。只是，太太生病后，我才感到诸多不便。"

"难怪呢！我觉得你的脸色不好，我还以为你有什么心事，原来是你太太生病了。"

"想不到你的观察力这么敏锐，我真佩服你。"

他一面说着，脸上一面露着从未有过的笑容，此刻可以知道，你成功了。在人生最脆弱的时候去安慰他，这才是你应有的体谅和善意。朋友由于悲伤，故心灵呈现出较脆弱的一面。此时，更不应再去刺激他，而应当设法让他悲伤的心情逐渐淡化。朋友的苦恼，在尚不为人知晓前，自己应主动设法了解。

怎样在与别人交往时表达出自己的关怀之情呢？在说话的时候，你可以参考下面的几种方法。

1. 示之以鼓励

给遇到磨难或陷于某种困境的人指出希望，让他振作精神，乐观地从困境中走出来，对方会对你的善意表示感激。

2. 示之以关心

不拘位卑位尊，贫贱富贵，人人都珍视感情。在必要的时候向别人表示关爱，别人也会把同样的善意之球抛掷给你。

作为上司，只有威严是不够的，还得富有人情味。下面是一个关于美国电话业巨擘——密西根贝尔电话公司总经理福拉多的生活片段：

在一个寒冷的深夜，纽约的一条不算繁华的道路上很少有车辆行驶。这时，从街中心的地下管道内钻出一位衣着笔挺的人来。路旁的一个行人十分狐疑，他想上前看个究竟，可一看却怔住了，他认出这个人竟是大名鼎鼎的福拉多！

原来，地下管道内有两名接线工在紧张施工，福拉多特意去表示慰问。他说："你们辛苦了，我特地来慰问你们，没有你们，就没有我的事业。"

福拉多被称作"十万人的好友"，他与他的同事、下属、顾客乃至竞争对手都保持着良好的关系。正因如此，这位富有人情味的企业巨人，事业才如日中天。

3. 示之以同情

如果周围的人遇到了什么挫折和不幸，我们真诚地给以同情的表示，就可以让他感受到我们对他的体贴和关心。这样，就能多少减轻一些他内心的痛苦。

当然，同情不是无原则的附和。如果对方的情绪产生于错误的判断，就不应当随便表示同情，以免助长其错误情绪。比如说评定奖金，张三本来劳动态度不好，因而未评上一等奖，于是他发起了牢骚。你如果在这时表示同情，那就等于助长他的错误思想，而且也不一定会起到安慰的作用。这时需要的，倒是劝导他正确对待，好好工作，下次争取。

不管采用什么办法，如果你的话语中充满了关怀之情，对方就一定会被你所折服，你们的友谊也就更加牢固。

赞美有道,捧人是一门学问

一天,一位办理建筑别墅地产转让的房产公司的推销员来到一位作家的家里。彼此一番寒暄客套之后,就听他讲开了:

"此次幸会,是因为我的上司刘科长极为敬佩您,叮嘱我若拜访阁下时,务请先生您在这本书上签名……"边说边从公文包里取出这位作家最近出版的新著。于是,这位作家不由自主地信任起他来。在这里,刘科长的仰慕和签名的要求只不过是个借口,目的是对这位朋友进行恭维,使他开怀。

在被恭维者面前,若以第一人的语气这样说,则有献媚的味道,会使人很容易观察其目的。但这位高明的推销员有意撇开自己,用"我的上司是您的忠实读者"这种借他人之力的迂回攻击法,比"我崇拜您"来得巧妙、有效,更容易使人接受。尤为高超的是,他已将作家的书准备好。这种情况,由不得你不照他的话去做。此种求人手段,确实令人难以招架。

古时候,广东地方有个县令,生性喜欢听人恭维,每发布一个政令,属下必须交口赞誉,县令才高兴。有个差役想博得县令的欢心,故意在一旁悄悄地对人说:"凡是身居高位的人,大多喜欢别人奉承,只有我们老爷不是这样,一向对别人的赞誉不放在心里。"县令从旁听到这话，非常高兴，马上唤来那个差役，手舞足蹈地对他称赞不已，说道："好啊，知道我心思的，只有你这个好人了！"自此，他对这个差役大加亲近。

喜欢听好话，这是人们通常具有的一种不无人情味的小毛病。把爱听好话的老爷说成不吃马屁的老爷，需要的也只是一点厚脸皮，谈不上多大的智慧。真正表现出智慧的倒是差役的说话方式。

毫无疑问，差役说这些话是专给老爷听的，但他不直接向老爷说，却以和同伴"背后议论"的方式，有意识在让老爷听到耳朵里去。人们一般相信，当面说的坏话不算坏话，背后说的好话才是好话。差役通过"当面"在"背后"说好话，把老爷最喜欢听而一般人没有特别厚的脸皮就听不下去的好话，说到了老爷的心里去了。这在老爷是饱餐一顿恭维，在差役则是借这几句话树立了自己真心仰慕老爷的形象，老爷在接受奉承之时，也就认可了差役的这一形象，所以才会对他大加称赞、大加亲近。

差役这种有意识地一句话讲给两个人听、传达两种意思，借以塑造形象的手法，用现代社会学的术语来说，就叫双重谈话，是运用"捧"这一手段的高级境界。

通常，一个人对另一个人讲话，不管是真是假都是讲给他（她）听的，即使要塑造什么形象，也是给他（她）看的。可有时候，人们想在特定对象面前塑造形象，却因为种种原因不便或无法同该对象直接交谈或交往，在这种情况下，人们往往会当着这个特定对象的面，随便拉一个人来做自己的配角，把想传达的内容说上一遍或表演一番。有趣的是，对象如果不明白那是在作双重谈话或双重表演，还会觉得特别可信。

由此可见,吹捧本身是一种很高的艺术,要吹出花样、吹出特色,老是重复同一曲调,听众不感兴趣,被捧者也不高兴。

蒋介石当上国民党总裁、国民革命军总司令后,一下子显贵起来。但他不知自己的祖先是谁,自己的老家在哪里,因此,不时有人攻击他,说他本不姓蒋,是她母亲带他到姓蒋家的,他来历不明。于是,蒋介石急于弄清自己的祖先是谁,一时间,他手下的文人忙了起来,但他们搞出的东西令蒋介石不太满意。宜兴县的县长蒋如镜是个有心人,他翻阅古籍,走访民间,决心给蒋介石弄出个祖宗来。功夫不负有心人,他终于考证到一条线索。

宜兴有一蒋姓大族,始祖函亭乡侯蒋澄是东汉光武时的婺州刺史,而蒋澄的父亲蒋横,光武时拜为将军,后被诬害而死,他的几个儿子降徙到阳羡(今江苏宜兴)。后蒋横的冤案得到昭雪,各子都受封,显赫一时。蒋澄死后,在宜兴城内的东庙巷及官林镇附近的都山各有函亭侯祠一所。

蒋如镜考证出奉化蒋氏与宜兴蒋氏是一脉相传,于是上书蒋介石并呈上家谱。蒋介石一看,高兴万分,祖上有一个蒋将军,还被封侯,有这样显赫的祖宗,蒋介石就成了将门之后,正符合自己总司令的身份,而且不仅有文字记载,而且有两所函亭侯祠作证,比空口说话好得多。

于是,蒋介石马上认了祖宗,1948年5月17日,他偕宋美龄亲自到宜兴"寻根"去了。蒋介石在宜兴"认根"扫墓之后,即拨款修葺位于宜兴城内的函亭侯祠,竣工后,蒋介石还亲题一匾,曰:"世德清芬",并镌刻"中华民国总统印",以示夸耀这位蒋氏后人的"不凡"。

蒋如镜真是登龙有术。不知他是怎么想到这一点的,这一考证,比送给蒋介石万两黄金还要受宠。试想,一个小小县长,见蒋介石一面都不可能,现在却成了总统府上的座上宾,真是一步登天。自此以后,他仕途平坦,步步高升,靠的全是这一"捧"之功。

不过,如果求人办事时太明显地吹捧他人,往往会引起他人的反感和猜忌,让他对你有所防备,结果适得其反。那么,如何才能不露痕迹地把别人哄得舒舒服服得呢?

有一位富翁,年纪大了,自己知道将不久于人世。他回顾一生,想想有什么未了的事,忽然,他想到在保险柜里还有多亲戚朋友的借据。这些钱已经借出多年,那些亲友依然贫困,他们既没有能力还钱,也不可能还钱了。为了避免日后子孙的困扰,富翁决定在临终前,自己处理这批债务。

他约齐了所有欠债的亲友,自己倚在床边的靠背上,床前摆着取暖的炭炉,炉火烧得正旺。富翁手拿大叠借据,对欠债的亲友说:"我自知时日不多,也知道你们欠我的钱没有能力偿还,为了避免后代困扰,今天你们只要真心说一句感激的话,我就把借据当面烧掉,从此就不相欠了。"

从欠债最少的开始,第一个人说:"来世我愿做您的仆人,为您洒扫庭院。"富翁将那个人的借据在炭炉里烧了。

接着有人说:"来世我将变鸡狗,为您司晨守夜。"富翁微笑着将那人的借据烧了。

还有人说:"来世我将做牛做马,为您耕田拉车。"富翁含笑,把一张借据烧了。

又有人说:"来世我愿做您的儿孙,永远孝顺您。"富翁开怀大笑,烧了借据。

他们一一说出内心感激的话,富翁也感到满意。到了最后,只剩下一个欠债最多的人,他诚惶诚恐地上前说:"来世,我一定要做您的爸爸。"富翁听了非常生气,反问他说:"你为什么不感谢我,反过来骂我呢?"

"老爷!您有所不知,这世间一切的债都有还清之日,只有儿女的债是永远还不清的呀!"富翁大笑,烧掉最后一张借据,在床上安然而逝了。

由此可见,在求人办事中,歌颂、赞美是一门学问,是惠人悦己的"开心果"。一个聪明能干的人若能掌握赞美的说话艺术,犹如在成功的路上如虎添翼、锦上添花。

抛出诱饵，先诱导，再说服

相信你一定经历过在说服别人或想拜托别人做事情时，不管怎样进攻或恳求对方，对方总是敷衍应付，漠不关心。这时，你首先要消除与对方心理上的隔阂，然后再说服诱导。拿推销来说，推销员为了唤起顾客的注意，并达到80％的购买率，往往是先诱导，后说服。

在英国工业革命方兴未艾时，以发明发电机而闻名的法拉第，为了能够得到政府的研究资助，去拜访了首相史多芬。

法拉第带着一个发电机的雏形，并滔滔不绝地讲述着这个划时代的发明，但史多芬的反应始终很冷淡，一副漠不关心的样子。

事实上，这也是无可奈何的事情，因为他只是一个政客，要他看着这种周围缠着线圈的磁石模型，心里想着这将会带给后世产业结构的大转变，实在是太困难了。但是，法拉第在说了下面这段话后，却使原本漠不关心的首相，突然变得非常关心起来，他说道："首相，这个机械将来如果能普及的话，必定能增加税收。"

显而易见，首相听了法拉第所说的话后，态度突然有了巨大的转变。其原因就是因为这个发动机能为使政府带来一笔很大的税收，而首相关心的就在于此。

是的，通常我们行动的目的都是"为自己"，而非"为别人"。如果能够充分理解这一点，那么，想要说服他人就有如探囊取物般容易了。只要了解了对方真正追求的利益，进而满足他的欲望，便可达到目的。但是，将这条最基本的条件抛于脑后的却也大

有人在。 他们没有满足对方最大的利益,一心一意只是想要满足自己的私欲。 例如下面这个故事:

某酒厂的负责人成功研发了新水果酒,为求尽快让产品打进市场,于是,他决定说服社长,批准进行大量生产。

"社长,又有新的产品研发出来了。这次的产品是前所未有的新发明,绝对能畅销。连我都喜欢的东西,绝对有市场性。我敢拍胸脯保证。"

"什么新产品?"

"就是这个,用梨汁酿制的白兰地。"

"什么?梨汁酿的白兰地?!那种东西谁会喝?况且,喝白兰地的人本来就少,更甭说用梨汁酿的白兰地……就是我也不会去喝。不行!"

"请你再评估评估,我认为很可行。用梨汁酿酒本来就不多见,再加上梨子有独特的果香,一定很适合现代人的口味。"

"嗯,我觉得还是不行。"

"我认为绝对会畅销……请您再重新考虑一下。"

"你怎么这样唠叨?不行就是不行。"

这样的劝说不仅充分显露了不顾他人立场的私心,还有打算强迫他人赞同自己意见的倾向。

"好歹也要试试看才知道好坏,这是好不容易才研发出来的呀!"

"够了,滚吧!"

最后,社长终于忍不住发火了。这位负责人不仅没能说服社长，反而砸掉了自己的名声。

碰到这种自私自利、妄自尊大的家伙，别人只会感觉："瞧他的口气，根本就是个主观主义者，只会考虑自己，还想把个人意见强加于别人！"如此一来，怎么可能赢得说服的机会呢？因此，无论如何，你都应该考虑以对方利益为出发点的劝说方式。

引经据典,让事实帮忙做说客

以史为鉴,于人可以知得失,于国可以知兴替,小到立身,大到治国,历史都是一面镜子。因此,在辩说中引用历史的经验和教训作为论据,极富说服力。

1. 1937年10月11日,罗斯福总统的私人顾问亚历山大·萨克斯受爱因斯坦等科学家的委托,在白宫同罗斯福进行了一次会谈。会谈的主要目的是,要求总统重视原子能的研究,抢在德国之前造出原子弹。

萨克斯先向罗斯福面呈了爱因斯坦的长信,接着读了科学家们关于发现核裂变的备忘录,然而,总统对这些枯燥、深奥的科学论述不感兴趣。虽然萨克斯竭尽全力地劝说总统,但罗斯福在最后还是说了一句:

"这些都很有趣,不过,政府若在现阶段干预此事,似乎还为时过早。"这一次的交谈,萨克斯失败了。

第二天,罗斯福邀请萨克斯共进早餐。萨克斯十分珍惜这个机会,决定再尝试一次。

一见面,萨克斯尚未开口,罗斯福便以守为攻地说:"今天我们吃饭,不许再谈爱因斯坦的信,一句也不许谈,明白吗?"

萨克斯望着总统含笑的面容说:"行,不过我想谈一点历史。"因为他知道,总统虽不懂得物理,但对历史却十分精通。

"英法战争期间，"萨克斯接着说，"在欧洲大陆一往无前的拿破仑，在海战中却不顺利。这时，一位年轻的美国发明家罗伯特·富尔顿来到这位伟人面前，建议把法国战舰上的桅杆砍断，装上蒸汽机，把木板换成钢板，并保证这样便可所向无敌，很快拿下英伦三岛。但是，拿破仑却想，船没有帆就不能航行，木板换成钢板船就会沉没。他认为富尔顿是个疯子，把他赶了出去。历史学家在评价这段历史时认为，如果拿破仑采取了富尔顿的建议，19世纪的历史将会重写。"

萨克斯讲完后，目光深沉地注视着总统。他发现总统已陷入了沉思。

过了一会儿，罗斯福平静地对萨克斯说："你胜利了！"萨克斯激动得热泪盈眶，他明白，胜利一定会属于盟军。

萨克斯的借古谏君术大功告成。

2. 杜坦是西晋名将杜预的后代。西晋末年，中原战火四起，民不聊生，杜家为避战乱来到河西，投靠了前凉张轨政权，后来前凉被苻坚攻灭，杜氏又辗转于关中一带。

公元417年，宋武帝刘裕灭后秦，杜坦兄弟便随即渡江，来到南方。当时，南方实行士族制度，渡江较早的，地位极高。晚来的士族，尽管其祖辈在北方是名门世家，但朝廷也不给他们优厚的待遇。他们之中的杰出人才，也不可能进入上流社会。

一天，宋武帝与杜坦在一起闲谈，武帝说：

"可惜呀，现在再也找不到像金日䃅那样的人才了！"杜坦答道："金日䃅生于今世，也只不过能养马，怎会被委以重任呢？"

宋武帝闻听此言，马上变了脸色：

"卿为什么把朝廷看得如此之薄？是说我不重视人才吗？"

杜坦说："那就以我为例吧。臣本来是中原的名门，世代相承。只不过因为南渡较晚，便受到冷遇，更何况那金日䃅是胡人，在汉朝时只不过是一个养马的人呢？"

宋武帝一时无言以对。

3. 唐朝的尉迟敬德依仗自己是开国重臣，骄狂放纵、盛气凌人，招致了同僚的不满，甚至有人告他谋反。

李世民知道后，问尉迟敬德这些事是否当真，敬德回答：

"臣跟随陛下讨伐四方，身经百战。如今幸存者，只有那些刀箭底下逃出来的人。天下已经平定，怎么反而怀疑起臣下会谋反呢？"

说着，他把衣服脱下扔在地上，露出身上的累累伤痕。李世民感动至极，只得以好言好语安慰一番。但是，敬德的骄纵狂妄却并未有所收敛。

一天，尉迟敬德在太宗举行的宴会上与人争论谁是长者，一时火起，居然打了任城王李道宗，弄瞎了李道宗的一只眼睛。皇上见敬德如此放肆，十分不悦。

事后，李世民单独召见了敬德，语气严厉地告诫他：

"朕的确想和你们同享富贵，然而你却居功自傲，多次冒犯别人。你难道不知道古时韩信为何被杀吗？在朕看来，那并不是高祖的罪过！"

敬德这才害怕了，以后做事便虚心、本分了许多。

引用史实可以充分发挥历史事实、典故无可辩驳的说服力，生动形象而且引人入胜，有助于人们从中得出结论。

值得注意的是，所用事例要避开那些已被广泛应用的材料，因为那样会让人觉得平淡无味，丧失兴趣，当然也达不到预期的效果。

将计就计，巧妙利用逆反心理

"请不要阅读第七章第七节的内容"，这是一个作家在他的著作扉页上的一句饶有趣味的话。后来，这个作家做了一个调查，不由得笑了，因为他发现绝大部分的读者都是从第七章第七节开始读他的著作的，而这就是他写那句话的真正目的。

当别人告诉你"不准看"时，你却偏偏要看，这就是一种"逆反心理"。这种欲望被禁止的程度越强烈，它所产生的抗拒心理也就越大。所以，如果能善于利用这种心理倾向，就可以将顽固的反对者软化，使其固执的态度有180度的大转弯。

某建筑公司的李工程师，有一次折服了一个刚愎自用的工头。这个工头常常坚持反对一切改进的计划。李工程师想换装一个新式的指数表，但他想到那个工头必定要反对，所以，他想了个办法。李工程师去找他，腋下挟着一个新式的指数表，手里拿着一些要征求他的意见的文件。当大家讨论这些文件的时候，李工程师把指数表从左腋下移动了好几次。工头终于先开口了："你拿着什么东西？"李工程师漠然地说："哦！这个吗？这不过是一个指数表。"工头说："让我看一看。"李工程师说："哦！你不能看！"并假装要走的样子，还说："这是给别的部门用的，你们部门用不到这东西。"工头又说："我很想看一看。"当他审视的时候，李工程师就随意但又非常详尽地把这东西的效用讲给他听。他终于喊起来："我们部门用不到这东西吗？它正是我想要的东西呢！"李工故意这样做，果然很巧妙地把工头说动了。

逆反心理并不是执拗的人才有，喜欢跟别人对着干也是大多数人的习惯，因为每个人都不愿乖乖服从他人。

某报曾登载过一篇以父子关系为主题的纪事文章《我家的教育法》，是说某社会名人的孩子在学校挨了顿骂后便非常怨恨他的老师，甚至想"给他一点颜色瞧瞧"，他父亲听了也附和说："既然如此，不妨就给他点颜色看。"但接着又说："纵使你达到报复的目的，但你却因此而触犯了法律，还是得三思才是。"听父亲这样一说，儿子便取消了报复的念头。

另外还有一个例子。

某太太认为她丈夫极不像话，于是便和朋友说她要离婚。她满以为朋友会劝她打消离婚的念头，不料那位朋友却说：
"如此不像话的丈夫还是趁早和他离婚，免得将来受苦。"
这位太太听朋友这么一说，反倒认为："其实，我丈夫也并非坏到这般地步。"因而收回了离婚的念头。

如果有一个人站在高楼顶上欲跳楼自杀，而旁人也在拼命说些"不要跳"或"不要做傻事"之类的话，则更是助长了他跳楼的意念；相反，若你说："如果你真想跳的话，那就跳吧！"他必定会感到很泄气，想不到旁人竟不予阻止，反而鼓励他跳下，这完全背离了他原先的期待。 这种对于劝阻的期待，一旦为他人背离，反而会失去原有的意念。

据说明朝时，四川的杨升庵才学出众，中过状元。因嘲讽过皇帝，所以皇帝要把他充军到很远的地方去。朝中的那些奸臣更是趁机要公报私仇，于是向皇帝说，可以把杨升庵充军海外或是玉门关外。

杨升庵想：充军还是离家乡近一些好。于是就对皇帝说："皇上要把我充军，我也没话说。不过我有一个要求。"

"什么要求？"

"任去国外三千里，不去云南碧鸡关。"

"为什么？"

"皇上不知，碧鸡关呀，蚊子有四两、跳蚤有半斤！切莫把我充军到碧鸡关呀！"

"唔……"

皇帝不再说话，心想：哼！你怕到碧鸡关，我偏要叫你去碧鸡关！于是，杨升庵刚出皇宫，皇上便马上下旨：杨升庵充军云南！

杨升庵利用"偏要对着干"的心理，粉碎了奸臣的打算，达到了自己去云南的目的。

尤其是那些大人物，你对他们提出要求，他们总是会想：我为什么要听任你的摆布，我可是一个响当当的人物！因此，在说服这类人的时候，从反方向着手更容易成功。

小孩子天真、单纯，你说东，他偏往西，这是他们的天性，全人类中可能要数他们的逆反心理最强了。

某一有名的教育家，他对于不喜欢练小提琴的孩子有非常好的引导方法。在教孩子们练琴时，经常碰到的难题就是儿童学琴意识低落，然而，他却能使这些孩子们个个乐意接受他的指导。用逼迫的方式吗？不！因为这种办法只能收到一时之效，并不能持久。他所使用的"特效药"就是这么一句话："我想这件事你必定做不好，你还是放弃吧。因为你的技能比人家差，所以你才不想练习。"

你让他放弃，他偏要证明给你看。

只要是从事教育工作的，便经常会体会到这一类情形。尤其小学生更是如此，很少有能够自动进取的，他们常以投机取巧的方式来达到他们偷懒的目的。对于这样的孩子，你若说："难道你是不喜欢它吗？"这会毫无效用的，而要对他们说："这样的事情对你来说是勉强了点，可能你没办法做得好，因为你的能力比别人差。"

只要这一句话，大多数孩子都会自发地行动起来。

多谈论别人，少谈论自己

求人办事时，只有让对方感到高兴才能让其爽快答应，把事情办成。那么，让其高兴的方法之一就是多谈论他，而少谈论自己。

人们最感兴趣的就是谈论自己的事情，对于那些与自己毫无相关的事情，多数人会觉得索然无味。对你来说是最有趣的事情，常常不仅很难引起别人的共鸣，甚至还会让人觉得可笑。

年轻的母亲会热情地对人说："我的宝宝会叫'妈妈'了！"她这时的心情是很激动的，可是，旁人听了会和她一样地高兴吗？谁家的孩子不会叫妈妈呢？你可不要为此而大惊小怪，这是很正常的事情，如果孩子不会叫妈妈，那才是怪事呢。所以，在你看来是充满了喜悦的事，别人不一定会有同感。

因此，在求人办事时，应竭力忘记你自己，不要老是谈你个人的事情，你的孩子，你的生活，以及你的其他的事情。人们最喜欢谈论的都是自己最熟知的事情，那么，在交际上你就可以明白别人的弱点，而尽量去逗引别人说他自己的事情，这是使对方高兴的最好方法。你以充满了同情和热诚的心去听他叙述，你一定会给对方留下最佳的印象，并且他会热情欢迎你，热情接待你。

另外，在谈论自己的事情时，和人较真或争辩等，都是不明智的表现，不利于达到求人办事的目的。但还有一样最不好的，就是在别人面前张扬自己，在一切不利于自己的行为中，再也没有比张扬自己更愚笨了。

例如，你对别人说："那一次他们的纠纷，如果不是我给他们解决了，不知要闹到怎样，你们要知道，他们对任何人都不放在眼里的。 不过，当着我面前，他们就不敢妄动了。"即使这次的纠纷的确是因为你的排解而得到解决，可是如果你只说一句"当时我恰巧在场，就替他们排解了"的话，不是更使人敬佩？这一件值得称赞的事情被人发觉之后，人们自然会崇敬你，但如果你自己夸张地叙述出来，所得到的效果则恰恰相反。 人们会认为你在自吹自擂，大家听了你的自我夸奖，反而会轻视你。

一句自我夸奖的话，是一粒霉臭的种子，它是由你的口里播种在别人的心里，从而滋长出憎恶的芽。

爱自我夸大的人，是找不到好朋友的，因为他自视甚高，鄙视一切，不大理会别人的意见，只会自己吹牛，他一心只想找那些奉承他和听从他的朋友。 他常自以为自己是最有本领的人，如果他做生意，他觉得没有人比得上他；如果他是艺术家，他就觉得自己是一代大师；要是他在政治舞台上活动，他会觉得只有他自己是救世主。 面子是别人给的，脸是自己丢的。 你自己若是具有真实本领，那些赞美的话应该出自别人的口。 自吹自擂，其结果是自己丢脸面。

凡是有修养的人，必定不会随便说及自己，更不会夸张自己，因为他自己很明白，个人的事业行为在旁人看来是清清楚楚的，没必要自己去说，人们自会清楚。

因此，请你不必自吹自擂。 与其自己夸张，不如表示谦逊，也许你以为自己伟大，但别人不一定会同意你的看法。 好夸大自己事业的重要性，间接为自己吹擂，纵使你平日备受崇敬，但别人听了这些话也会觉得不高兴。 世间没有一件足以向人夸耀的事情，自己不吹擂时，别人还会来称颂，自己说了，人家反而瞧不起了。

另外，千万不要故意地与人为难。 可有的人专门喜欢表示自己与别人意见不同。 如果你说这是黑的，他就硬说这是白的；如果下一次你说这是白的，他就反过来说这是黑的。 这种处处故意表示自己与别人看法不同的人，和处处随声附和的人，一样都是不老实的，会被人看不起，甚至被人们所憎恶。试想一下，谁会为这样的人办事呢？

口才是帮助你待人处世的一种方法，口才本身并不是我们的目的，没有人愿意做一个口才很好，而到处不受欢迎的人。不要为了表现你的口才，而到处逞能，惹人憎恨。口才一定要正确灵活地表现，而不是为了自吹自擂、张扬自己。

不要抹杀人家的一切意见，即使在生活中也要这样做。如果抹杀了别人的一切，对其好处一点儿也不承认，这样，谈论就不会愉快，求人办事的目的也就不会达成。无论你的意见和对方的意见距离有多远，冲突得多么厉害，我们也要表现出一种可以商量的胸怀，并且相信，无论怎样艰难，大家都可以得到比较接近的看法，使双方不致造成僵局。

尽管什么都可以谈，但是，在到处都可以航行的谈话题材的海洋里面，也有一些小小的礁石，要留心地避免它。

对于你所不知道的事情，不要冒充内行。你知道多少，就说多少，没有人要求你成为一个百科全书式的专家。即使是一个最有学问的人，也不可能无所不知。所以，坦白承认你对于某些事情的无知，绝不是一种耻辱，相反的，这会使别人认为你说的话有值得参考的价值，没有吹牛，没有浮夸，没有虚伪。

不要向所求之人夸耀自己的私生活，例如你个人的成就，你的富有，或是老向别人说自己的孩子怎么怎么了不起。不要在一般的公共场合把朋友的缺点和失败当作谈话的资料，不要老是重复同样的话题，不要到处诉苦和发牢骚，因为诉苦和发牢骚并不是一种良好的争取同情的手段。做人的基本态度，应该是这样：有着宽容豁达的胸怀，并且愿意使大家相处融洽，尽量不出现僵局。

制造共鸣，让对方一步步地认同你

人与人之间，本来有许多地方是相同的。但是，要使彼此真正共鸣起来，得有相当的说话技巧。

在你对另一个人有所求的时候，这样的论点也同样适用。最好先避开对方的忌讳，从对方感兴趣的话题谈起，不要太早暴露自己的意图，让对方一步步地赞同你的想法，当对方跟着你走完一段路程时，便会不自觉地认同你的观点。

伽利略年轻时就立下雄心壮志，要在科学研究方面有所成就，他希望得到父亲的支持和帮助。

一天，他对父亲说："父亲，我想问您一件事，是什么促成了您同母亲的婚事？"

"我看上她了。"父亲答道。

伽利略又问："那您有没有娶过别的女人？"

"没有，孩子。家里的人要我娶一位富有的女士，可我只钟情于你的母亲，她从前可是一位风姿绰约的姑娘。"

伽利略说："您说得一点儿也没错，她现在依然风韵犹存。您不曾娶过别的女人，因为您爱的是她。您知道，我现在也面临着同样的处境。除了科学以外，我不可能选择别的职业，因为我喜爱的正是科学，别的对我而言毫无用途，也毫无吸引力！难道要我去追求财富、追求荣誉？科学是我唯一的需要，我对它的爱有如对一位美貌女子的倾慕。"

父亲说:"像倾慕女子那样?你怎么会这样说呢?"

伽利略说:"一点也没错,亲爱的父亲,我已经 18 岁了。别的学生,哪怕是最穷的学生,都已想到自己的婚事,可是我从没想过那方面的事。我不曾与人相爱,我想今后也不会。别的人都想寻求一位标致的姑娘作为终身伴侣,而我只愿与科学为伴。"

父亲似乎有所感悟,但始终没有说话,而是仔细地听着。

伽利略继续说:"亲爱的父亲,您有才干,但没有力量,而我却能兼而有之。为什么您不能帮助我实现自己的愿望呢?我一定会成为一位杰出的学者,获得教授身份。我能够以此为生,而且会比别人生活得更好。"

说到这,父亲为难地说:"可我没有钱供你上学。"

"父亲,您听我说,很多穷学生都可以领取奖学金,这钱是公爵官廷给的。我为什么不能去领一份奖学金呢?您在佛罗伦萨有那么多朋友,您和他们的交情都不错,他们一定会尽力帮忙的。他们只需去问一问公爵的老师奥斯蒂罗·利希就行了,他了解我,知道我的能力……"

父亲被说动了:"嗯,你说得有理,这是个好主意。"

伽利略抓住父亲的手,激动地说:"我求求您,父亲,求您想个法子,尽力而为。我向您表示感激之情的唯一方式,就是……就是保证成为一个伟大的科学家……"

伽利略最终说动了父亲,他实现了自己的理想,成为一位闻名遐迩的科学家。

这里，伽利略采用的是"心理共鸣"的说服方法。这种说服法一般可分为以下4个阶段：

1. 导入阶段

先顾左右而言他，以对方当时的心情来体会自己现在的心情。伽利略先请父亲回忆和母亲恋爱时的情形，引起了父亲的兴趣。

2. 转接阶段

逐渐转移话题，引入正题。伽利略巧妙地通过这句话把话题转到自己身上："我现在也面临着同样的处境。"

3. 正题阶段

提出自己的建议和想法。伽利略提出"我只愿与科学为伴"，这正是他要说服父亲的主题。

4. 结束阶段

明确提出要求。为了使对方容易接受，还可以指出对方这样做的好处。伽利略正是这样做的。他说："……为什么您不能帮助我实现自己的愿望呢？我一定会成为一位杰出的学者，获得教授身份。我能够以此为生，而且会比别人生活得更好。"

Part 7

出奇制胜,没有办不成的事

激发兴趣，牵着别人的鼻子走

人们在寻求别人帮助时，对方能不能答应你的要求，能不能全力帮助你把事情办成，关键的问题就是他心里是怎么想的。他的心里怎么想问题，就决定了他对你提出的事是给办还是不给办。心理学家告诉我们，人们怎样想一件事情完全是外在情趣和利益诱惑的结果。他对 A 问题感兴趣或者想获得 A，他就会说对 A 有利的话，也会做对 A 有利的事；反之，他便具有原始的不自觉的拒绝心理。所以，人们在办事时，要想争取对方应允或帮忙，就应该设法使对方对这件事产生积极的兴趣，或者设法让对方感觉到办完这件事后会得到利益。

很显然，若人们对什么事儿有兴趣或认为什么事儿有满意的回报，就会乐于对什么事儿投入感情、投入精力甚至投入资金。所以，我们在求人办事时，可以用兴趣牵着对方走，让他帮忙。

利用兴趣求人办事必须让对方感到自然愉悦、深信不疑、大有希望，而只有用兴趣把对方吸引住，对方才肯为你的事付出代价。

但是，兴趣、利益诱惑法在具体运用时也要用点儿小窍门。

比如，你可以利用那些新颖的东西引起他人的好奇心，使他人常常情不自禁、穷追不舍地要弄个明白。这时，人们就会对你产生强烈的兴趣，不由自主地跟你"黏"在一起。再进一步，可能就被你牵着鼻子走了。

除此之外，当我们很谨慎地根据他人的经验、兴趣而设法接近他人时，除了拿出"新颖"的东西之外，还得掺和着一些别人"熟悉"的成分。因为我们的目的是抓住他人的注意力。

抓住弱点，让对方无法推辞

有时候，找准对方的弱点，运用"逼人就范"之计求人，也能收到很好的效果。 用这种方法有一个诀窍：对方怕什么，就专门给他来什么。 抓住对方的心理弱点，攻其一点，不及其余。

有这样一个例子能很好地说明这一点。

战国时，齐国人张丑被送到燕国做人质。不久，齐、燕两国关系紧张，燕国人想把张丑杀掉。

张丑得了这个消息后，立即寻机逃走，可尚未逃出边境，又被燕国一官吏抓住。

张丑见硬拼不行，便对官吏说："你知道燕王为什么要杀我吗？"

"不知道！"

"因为有人向燕王告了密，说我有许多财宝，但我并没有什么金银财宝，可燕王偏偏不信我。"张丑说到这里，见官吏糊里糊涂，接着又说："我被你捉到了，你会有什么好处呢？"

"燕王悬赏一百两捉你，这就是我的好处。"

"你肯定拿不到银子！如果你把我交给燕王，我肯定会对燕王说，是你独吞了我所有的财宝。燕王听到后一定会暴跳如雷，到时候你就等着陪我死吧！"张丑边说边笑。

官吏听到这里，越发心慌，越想越害怕，最后只好把张丑放了。

张丑能得以死里逃生，全靠了他的这番话，他成功的原因在于他抓住了官吏的心理弱点，然后一击中的。

当今社会，你求人办事时，如果对方吞吞吐吐或不答应时，也可以细心地想想对方可有什么弱点。如果你能抓住他的弱点，然后再求他时，他就不会推辞不办了。

暗中智取，让对方不知不觉为你办事

有事情需要求人时，也可以用暗中智取的办法，让对方不知不觉地为你办事。兵法中有这样一条：堡垒最容易从内部攻破。明里强攻不成，就该暗中智取。

求人办事一定要做好暗中智取的准备，尤其对于一些比较固执或有某方面偏好的人来说，更应考虑用这种方法求人办事。

有一位著名演员因患冠心病，在家休养。一天，一位年轻人突然找上门来。一番聊天之后，那位年轻人说："是这样，我们生产了一种治疗冠心病的新药。听说您正有此病，想让您试用一下，如果能治好，也算是对我国的演艺事业做点贡献了。"

演员说："那就先谢谢你们的关心了。前几个月我吃的都是朋友捎来的'洋药'，我先吃一段时间看看，如果不见效，我再去找你，好吗？"

于是，年轻人说："那些进口药您吃多久了？"

演员说："两个月。"

年轻人说："效果怎样？"

演员说："不太明显。"

年轻人掏出两盒药来，说："那么，您不妨先吃这个试试，半个月就能见效。老先生，我承认外国的药是好，可并不是什么药都好呀！单说治疗冠心病吧，据专家鉴定，经过

700 例临床实验，这种药的疗效就远远超过了外国的。中国的药同样能治好中国人的病，您说呢？"

演员被小伙子的真诚感动了，答应试用药品。没想到，试用了一段时间后，他那冠心病竟奇迹般地好了，这位演员感激之余，登门道谢。这时候，那个年轻人才说明其用意：想邀请这位演员做药厂的顾问与形象大使。受人恩惠的演员，自然满口答应了。

这里，年轻人劝说演员做"形象大使"，采用的就是暗中智取的方式。他以"试用"为切入点，以"关心"为说服的中心，以"结成友情"为情感交流中介的方式，恰到好处地绕了一个大圈子，从而为后面的"攻心"打下了良好的基础。

佯装糊涂，利用误会假变真

高明的办事者会善于利用一些误会，自己不去捅破，甚至还要推波助澜。在下面的故事里，那位小姐并没有亲自去求人，只因为一场误会，小姐揣着明白装糊涂，各种好处不求自来，小姐坐享其成。如果你在求人不成，上天无路，入地无门之际，碰上这样的便宜，可千万不要捅破。

年小姐在某地环卫所工作五六年了，以前交了几个朋友，都嫌她工作环境太差而告吹。如今，年小姐一跃而成了大姑娘，一圈子人都为地着急起来。半年前，姑妈又为年小姐介绍了一个对象，小伙子长得挺帅，而且并没有嫌弃她的工作。两人进入热恋之中，商讨怎样办婚事。然而好事多磨，没有房子，怎么结婚呢？小伙子的单位不能解决，要她自己想办法，而年小姐父母又都是平常百姓，要去排队等房子，那是猴年马月的事。后来，他们还是决定先领结婚证书，排队等房子，一旦有了房子，马上举行婚礼。

年小姐到派出所去开证明，领结婚证书，刚好所长值班，就一边开证明，一边与年小姐话家常。看到年小姐姓年，所长问道："你这姓很少啊！"年小姐无心闲扯，答道："唔。"所长接着说："县长也姓年，那你和他是亲戚了。"年小姐又未置可否，因为她没有心思与他闲扯，只等所长开完证明她就要走。但所长进一步推理说："县长没有女儿，那你一定是他的侄女了。恭喜你,年小姐。"所长十分利落地把证明开完,又热情地把年小姐送了出去。

经所长之口,县长侄女结婚的消息,在县城很快传播开来。

年小姐回到单位,领导马上找她,说:"你是年县长的侄女,为什么不早说?现在的年轻人像你这样的实在很少,不错,不错。"接着又说:"考虑到你一贯工作认真、负责,因此,决定替你换一个工作,调你到局里办公室,调令不久就会下来,好好干吧,小年,前途无量啊!"

没有多久,房管局的副局长亲自找到年小姐,说:"对不起,年小姐,我们的工作实在太忙,要房子的太多,所以没有及早替你办好。我们讨论、研究了很久,现在没有很好的房子。只有江边新建的一套二室一厅的房子,你看合意的话……这是房子的钥匙,年县长那里还望小姐以后多多美言几句。"说罢起身告辞。

年小姐真是喜出望外,工作已经调动了,房子又解决了,真是双喜临门。看来,这县长的面子可真大!

有了房子,年小姐的婚事如期举行,参加的人很多。除了亲戚,还有各局室、各部门的负责人,他们拿着礼品,早早地来了。因为他们想:县长的侄女结婚,县长肯定会参加。他们当然不愿放弃一个当面向县长讨好的机会。自然,礼品就相当丰厚了。

不过,等待像上文中这样的"误会"有点儿太消极,而单纯的"说谎"又有被捅破的风险。但真正的高手是不会蛮干的,他们会在99%的"谎言"中加上1%的"真实",制造这种"真实"的"谎言",就不由得你不信了!

汉桓帝时,宦官张让权倾朝野。张让有个奴仆为他管家,扶风郡的富人孟陀使尽钱财结交这个奴仆。奴仆很感激孟陀,问他有什么要求,愿为他促成。孟陀说:"只希望你们一班人迎拜我一次。"那时,去求见张让的公卿大夫很多,车马每每堵满门前。孟陀有一天去谒见张让,被堵住前行不得。那个管家的奴仆远远看见,便率领家奴到路上去迎拜,与他同乘一车进宅。当时,宾客们非常惊讶,以为张让很看重孟陀,于是便争着去贿赂他。很快,孟陀便积聚了好几万钱财。

孟陀并没有真正交结上张让,但是,通过管家奴仆等人的迎拜,其造成的假象已达到了目的,眼见为实,此举便是孟陀用心之所在。

借梯上楼，善于借助别人的力量

俗话说得好："好风凭借力。"一个人要想办事成功，除了靠自己的努力奋斗外，还要借助他人的力量才能事半功倍。应用这种方法获得成功的策略称为"借梯上楼"法。

对于想获得成功的人来说，这里的"梯"指的是他人的能力，如名人、亲戚、朋友、同学等的地位、名望、财富或权力，而"楼"则是指你要获得的某种较为理想的目标。

一般来说，无论引荐者的名望大小、地位高低，只要对你的成功有所帮助，他就是你登上高山的好梯子，他的威信和影响对你都有用处。一般人对权威和名望有一种可靠、信赖的感觉，因而他们常常会从推荐者身上来估量被推荐者的能力和人格。

在生活中，经常可以看到这样的现象：由于人们所处机构的层次不同，便严重影响了社会对自身的评估。处于声望较低机构中的人，尽管其才能或成果是一流的，却往往不能得到施展和承认；而相反，在声望较高的机构中工作的人，可能其才能或成果是二流的，甚至是三四流的，但却容易人尽其才，被承认的机会相对要多得多。美国著名科学家杰里加斯顿把这一现象称之为"波顿效应"。

在"波顿效应"的阴影下，古今中外，不知埋没了多少优秀人才。英国的地质学之父史密斯，是生物地层学的创始人。他原是个标尺工出身的工程师。他编绘的"英国地层表"被埋没了20年之久，究其原因就是因为当时的社会认为他是个出身卑贱、无人知晓的测绘人员。我国陆家羲的数学论文在国内一直不能发表，这与他只不过是包头市九中的一个普通教师有着极大的关系。

那么，我们怎样才能走出"波顿效应"的阴影，使自己的才华得以施展、成果得到承认呢？寻求权威、名人。因为他们身居上层，占据高位，因此，他们的举荐、提携颇具分量。

可是，如何得到权威、名人的举荐、提携呢？自古以来，就有伯乐识千里马之说。从古至今，众多的"千里马"都是得益于众多的"伯乐"而得以奔腾万里的。

1929年的一天，任北平艺术学院院长的徐悲鸿应几位朋友之邀，去参观在北京举办的一个画展。

宽敞的大厅里，尽是一幅幅装裱精致的画，令人眼花缭乱。由于不少作画者墨守成规、闭门造车，致使画面陈旧，毫无新意。徐悲鸿看了一会儿，感到很不痛快。忽然，一幅挂在角落里的画引起了徐悲鸿的注意。他仔细端详品味着画面上那对虾，只见它体态透明，须尾舒展，生动逼真，笔法娴熟。这位观赏过许多艺术珍品的画坛大师立刻意识到，他发现了一位出类拔萃的艺术人才。当他得知此画的作者竟是一位年逾六旬、木匠出身的老头儿时，不由得感叹一声："我为这个怀才不遇的人感到惋惜，真没想到，在角落里还藏着一位杰出的艺术大师啊！"这位国画大师就是齐白石。

几天后，徐悲鸿就聘请齐白石任北平大学艺术学院教授，并亲自乘车接齐白石到校上课。一年后，由徐悲鸿亲自编辑作序的《齐白石画集》问世。从此，画坛又添一星。

徐悲鸿就是一个"伯乐"，他发掘并提携了齐白石这匹"千里马",从而使齐白石走上了大师之路。

萨洛蒙·安德烈是19世纪末、20世纪初瑞典著名探险家,为了得到北极圈内有关的科学数据,填补地图上的空白,他组织了一次北极探险。

1895年,经过周密计算和安排,安德烈在瑞典科学院正式提出乘飞艇到北极探险的计划。在此之前,安德烈曾在美国学习了有关航空学的全部理论,并且制造过由气球而发展起来的飞艇,有关飞行试验在美国和欧洲曾引起轰动。计划虽已拟好,但随之而来的便是经费问题,由于人们对此不信任和不关心,因此,也就很少有人提供经费。没有钱,一切都无从说起。

安德烈整天奔波,挨家挨户去找那些大富豪和大企业家,但有谁愿意投资一项与己毫无关系的事业呢?又有谁愿意投资一项也许没有任何成功机会的冒险事业呢?安德烈每天总是失望而归。

经过很长时间的奔波,总算有一位好心而开明的大企业家表示愿意提供赞助,他甚至表示愿意承担全部费用,同时,他还向安德烈提了一个很重要的建议:希望这项冒险计划得到人们的关注,如果就这样悄无声息地走了,是不是削弱了这次探险的意义呢?

安德烈听完觉得很有道理,于是,两人经过商量,决定让安德烈继续去募捐,扩大影响。但是,尽管安德烈想尽办法,人们的反应仍然很冷淡。安德烈非常着急,情急生智,他想出了一个大胆的办法,就是把自己的探险计划写成一篇极其详细严谨的论文，用大量证据论证了这项计划的可行性及其意义，然后，他请那位开明的企业家想方设法把这份文章呈献给国王。

经过很多周折，国王终于见到了这篇文章，他对这个大胆的计划感到很新奇，于是召见了安德烈，并询问有关探险的一些具体情况。两个人谈得很投机，最后，安德烈要求国王象征性地提供一些小小的赞助，国王慨然应允。

这个消息很快就传开了，新闻界对国王关注此事予以报道。既然国王都对这件事感兴趣，那么，许多名流、富豪也都跟着对探险一事纷纷予以关心，捐赠了大笔费用。此外，许多普通民众也因此开始对这项计划感兴趣了，大家都明白了探险的意义。安德烈的事业终于不再是他一个人苦苦奔波的事业，而是变成了一项公众的事业。安德烈终于成功了！

巧借他人的力量和威名以达到自己的目的，这是一种韬略。 安德烈正是借助国王的力量，才使自己的探险之旅取得了成功。

利用爱心，借完同情再借爱

同情和爱心是人类最美好的情感，在现今社会，这些也都成了借力者赖以成事的武器。

你有没有与人谈话时，对方突然哭起来的经验？ 这是你的不幸。 想想以前，是否有过类似的事？ 当你和先生、太太、子女为某件事争论不休，你占据了情、理、法而让对方毫无辩解余地，对方突然泪流满面求你饶恕时，你怎么办？ 你会想："好啊，这会儿你无话可说，任凭我处置了吧！"而事实却不是这样的，大多数的人会说："噢，对不起，别哭嘛，我不是故意的，或许我火气大了些。"甚至更进一步道："别哭了，我答应你就是了，你要怎么做就怎么做好了。 钱在桌子上，自己拿去买东西吧！"

不仅仅是女人的眼泪，男人的眼泪有时比女人的更有用。 这是因为一般人都相信"男儿有泪不轻弹"，男人一旦哭起鼻子来，那一定会使在场的人丢盔弃甲而逃。

日本国会有一次在讨论政治伦理问题时，中曾根首相为了征询田中角荣的意见而和他会晤。在谈话中，田中前首相感叹地说："我听孙子说，在学校，同学们都讥笑他，所以不想上学了。我心里很难过，爷爷的错误竟要孩子来承担。"说罢，已是泪流满面。

中曾根首相看了，不禁也热泪盈眶，并立刻告诉田中角荣："我们必须在政治与伦理间订立规范。"

后来，敏感人士认为，中曾根首相被田中角荣的眼泪蒙骗了。以下还有一则相关事例。

鲍尔温交通公司总裁福克兰，在年轻的时候因巧妙处理了一项公司的业务而青云直上。他当时只是一个机车工厂的普通职员。当时，公司买下了一块地皮，准备建造一座办公大楼。在这块土地上的 100 户居民，都得因此而迁移他方。

但是，居民中有一位爱尔兰的老妇人，却首先跳出来与机车工厂作对。在她的带领下，许多人都拒绝搬走，而且这些人抱成一团，决心与机车工厂一拼到底。

福克兰对工厂领导说："如果我们建议通过法律途径来解决问题，就费时费钱。我们更不能采用其他强硬的办法，以硬对硬，驱逐他们，这样我们将会增加更多仇人，即使建成大楼，我们也将不得安宁。这件事还是交给我来处理吧！"

这一天，他来到了老妇人家门前，看见她坐在石阶上，便故意在这老妇人面前走来走去，做出忧心忡忡的样子，心里好像在盘算着什么。这自然引起了她的注意，良久，她开口发问："年轻人，有什么烦恼吗？说出来，也许我能帮助你。"

福克兰趁机走上前去，他没有直接回答她的问题，却说："您在这时无事可做，真是天大的浪费呀！我知道您有很强的领导能力，实在是应该抓紧时间干成一番大事业的。听说这里要建造新大楼，您是不是准备发挥你的超人才能，做一件连法官、总统都难以做成的事：劝您的邻居们，让他们找一个快乐的地方永久居住下去。这样，大家一定会记得您的好处的呀!"

从第二天开始,这个强硬顽固的爱尔兰老妇人便成了全费城最忙碌的妇人了。她到处寻觅房屋,指挥她的邻人搬走,并把一切办得稳稳妥妥。

办公大楼很快便开始破土动工了。而工厂在住户搬迁过程中,不仅速度大大加快,而且所付出的代价竟只有预算的一半。福克兰装出一副无能的样子,满足了老妇人的心理,使她心甘情愿地为福克兰办成了一件大事。

可见,人都是情感型动物,只要你能博得同情,你目的就可以达到。

第二次世界大战时,利维在美国经营一家影片进出口公司。

有一次,利维到英国去洽谈生意,伦敦的一家公司邀请他去看该公司正在研制的一种电视试播,也就是今天的闭路电视。利维一下子对这种只要是自己喜欢看的节目便可随心所欲地放映的设备产生了极大的兴趣,于是着手组织班子来研究闭路电视。

利维的新产品研制小组有三位主要专家,其中有一位叫弗兰克,他脾气很怪,性情暴躁,动辄和别人争吵,他几乎和研制组的上上下下都吵遍了,连利维也不例外。

可自从发生了一件小事后,他对利维感激不已、言听计从。

一天,为了一个实验问题,弗兰克同研制组的另一位助手争执不下。他大动肝火,又拍桌子又摔东西,利维过去劝阻,也被弗兰克大骂了一顿。正在他们闹得不可开交时,弗兰克的小女儿走进了实验室。小女儿看见她爸爸那副怒发冲冠的样子,吓得哭了起来。

弗兰克见状,再也顾不上同别人吵架,赶忙跑过去,赔着笑脸哄逗她。

看到这一情景,利维心里猛地一亮,发现弗兰克虽然着谁都不顺眼,但对留在他身边的小女儿却是百依百顺,视为掌上明珠。不难看出,这小女儿是他的主要精神寄托。

为了使弗兰克有充实的精神生活,利维立刻在公司附近为他租了一幢非常漂亮的房子,好让他经常和女儿生活在一起。

本来,利维手头的资金十分紧张,在这种情况下,还为弗兰克租房,使弗兰克心里很是过意不去。因此,尽管利维再三动员他搬进新居,但他坚持不搬。

利维说:"搬不搬家,恐怕由不得你了。"

"什么?"弗兰克提高了嗓门,"我自己不愿搬,你还敢强迫我不成?"

"我当然不敢逼你,不过,你的千金安妮已替你做主了。"利维继续说,"她说你心境不好,容易发脾气,这会伤身的。如果她能住在附近照顾你,你就不会发脾气了。起初,我也拿不定主意,可是安妮最后还说:'我爸爸多可怜呀,我不能让他再忍受孤独了。'"

听完了这番话,弗兰克的眼里充满了泪水,他最终听从了利维的安排,搬进了新居。

利维为弗兰克租房，虽然花费了不少金钱，可这件事所产生的影响远远不是这点儿金钱所能比拟的。利维在资金状况窘困的时刻，仍然把弗兰克的生活快乐看得比金钱更重要，这就不能不使弗兰克感恩戴德，甘为利维所"利用"。

这样，利维做事不是离成功更近一步了吗？

抓住家长溺爱孩子的心理，向"小皇帝""小公主"献殷勤，做事可收到事半功倍的效果。人常说："要讨母亲的欢心，莫过于赞扬她的孩子。"确实，一些乖巧的人常常利用孩子在求人过程中充当沟通的媒介，这原本希望渺茫的事，大大增加成功概率。

迂回办事,不时借点"枕边风"

幽默大师林语堂先生说过一段很有意思的话,他分析说:"现在,越来越多的女人要求自己的权利,可中国一向就是一个女权社会。在中国,女人的权力其实大得不得了!因为人们都知道女人管理家庭事务,正所谓'男主外,女主内'嘛。可谁又知道女人在管理家务的同时,往往连自己的男人也一并管制了。"

在现代社会中,女人各自管理着自己的男人,女人通过男人主宰着这个世界!所以,女人绝对不可轻视,尤其是上司身边的女人更不可轻视。

在宴会或其他聚会上,碰到上司的夫人,你将如何应付? 头脑简单的职员,在这时候往往只知道对顶头上司执礼甚恭,而对上司的夫人却视如过路的老太婆,懒得跟她多讲一句话,从而留给她"举止不逊"或"不通世故"的印象。

有那么一天,你成了某一高职位的候选人,上司夫人就会仅凭当时的不快印象,在枕边大唱反调:"那种不成熟的人,行吗?"得! 就这么轻轻一拨弄,再加上上司又是软耳根,你的晋升之路就会惨遭夭折。 而你还如堕五里雾中:为什么升不上去呢?

因此,你与上司打交道时,在对上司本人尊崇有加的时候,千万别忘了向上司的夫人行礼。 接触上司夫人,定要心存敬意。 就算没人介绍,凭直觉知道了她是上司夫人,你也要自动上前诚恳致意。

对上司的夫人,你称赞她"年轻漂亮"或"气质高雅",是最高明的赞美。即使对方在听了你的赞美之后会说："哪里，你过奖了！"但她内心还是会觉得很高兴。就算上司夫人长相不怎么样，但至少在服饰、举止、风度和修养上，有她足以傲人的地方。你只需要在短短的几秒钟内，对她发自肺腑地赞扬一番，即大功告成。

杜月笙是是民国时期的黑道大佬。其实，他"借"的功夫也甚是了得。杜月笙头脑机灵，办事老练，苦于没有出人头地的机会。后来，他投靠黄金荣，在黄府做了一名打杂的仆役，混在佣人之中，生活倒也安稳。但杜月笙铁了心要飞黄腾达，不甘为人下。因此，他"眼观六路、耳听八方"，处处谨慎，把分配给自己的活做得又快又好，但他地位太低，还拍不上黄金荣的马屁。好在他常与黄金荣的贴身奴仆常常接触，靠此机会，他百般讨好，黄公馆上上下下对他都有好感。

终于有一天，机会来了！

有一次，黄金荣的老婆林桂生得病，久治不好，求神占卜，提出要年轻力壮的小伙子看护，据说可以取其阳气，杜月笙便是被选中的一个。

这个时候，黄金荣正宠爱林桂生，杜月笙善于察言观色，又善于动脑筋，马上想到这林桂生的枕头风不亚于台风中心，威力强大，拍不上黄金荣的马屁，拍林桂生的马屁更有效，何况，异性相吸，这马屁又容易拍些。

于是，杜月笙"衣不解带，食不甘味"，十二分尽力侍候林桂生。别人照顾，无非是随叫随到或陪坐一旁，而杜月笙则全神贯注，不但照顾周到，而且能使林桂生摆脱烦恼，心情愉快。林桂生往往尚未开口，他已知道林桂生要什么东西，林桂生想到的，他想到了，有些林桂生没有想到的，他也想到了，把林桂生服侍得心花怒放，引他为心腹。

在林桂生枕头风的吹动下，黄金荣终于将当时法租界的赌场之一——公兴俱乐部交给杜月笙经营。这就是杜月笙善于借力"枕边风"的结果，接下来，再看一个相关实例。

唐朝的大奸臣李林甫不仅善于巴结权贵，还善于巴结权贵的夫人。当时，"武惠妃宠倾后宫"，其子寿王、盛王也因母受宠而受皇帝宠爱，皇太子李瑛则被冷落。李林甫经过一番思谋，便通过宦官对武惠妃说："愿护寿王为万岁计。"谋废太子、以图另立，实属冒杀身之祸的险招。李林甫清楚，巧妙地利用皇官内潜在的太子之争，不仅不会有险，反会有利。果然，武惠妃对他颇为感激，时常在皇帝面前替他美言。朝中侍中裴光度夫人，乃是武三思之女，李林甫便对其暗中献媚，以致使裴妻武氏"尝私林甫"。侍中裴光度死后，李林甫便迫不及待地欲继相位。武氏更是鼎力相助，请深受皇帝宠爱的宦官高力士帮助达此目的。高力士本出自武三思之家，对武氏所求自然非常效力。不过，皇帝已决定任用韩休为相。李林甫虽未如愿，但足见其野心勃勃，而又善于走权贵夫人的门路。

由此可见,古往今来,走权贵夫人的门路,往往比直接走权贵的门路还要奏效。

Part 8

掌控全局,把握住自己的人脉网

人脉有多大，你的舞台就有多大

俗话说："心有多大，舞台就有多大。"而在今天，我们不得不承认，"人脉有多大，你的舞台就有多大"。也许你有能力的支持、魅力的展现，可就算有上天的本领，你也难以凭借你自己一个人的力量去好好地实现目标。而如果你广结善缘，说不定到处都会给你创造发展的机遇，给你成功的捷径。

当很多年轻的女孩子刚刚走出大学准备进入职场的时候，朱艳艳已经是兰生大酒店的公关部经理了。她可谓是中国改革开放以后第一批在本土成长起来的公关人才，但当时的她并不理解自己的真正职责。那时，她每天都是在忙碌中度过的，"比如说，我们要把中国文化介绍给外国客人；圣诞节的时候要举办餐会，举办各种新闻发布会。"她回忆道。工作的跨度很大，从举办各类宴会到媒体联络，从企业关系维护到政府关系。但是，几年风风雨雨的历练使朱艳艳对当初自己的角色、对今后的目标不再懵懂。她变得成熟了，她变得自信了，她变得善于交际了，她拥有一张无所不包的关系网。

朱艳艳拥有一大帮记者和编辑朋友，娱乐、经济、体育记者面面俱到，办宴会、展会，她的人脉资源可以一直从主持人、明星延伸到诸如食物安排之类的所有流程，还有政府部门上上下下的工作人员，朱艳艳也都混了个脸熟。人生中的第一份工作,为朱艳艳打开了一扇通向成功的大门,也为她积累了第一桶"金"——人脉的无形资产。

不过,真正体会到人脉资源的价值,还是由一件小事。"当时,有一个朋友在策划一个记者招待会,发布新闻,但是他自己和媒体不熟悉,就找我帮忙联系相关的记者。"朱艳艳说,这是她第一次强烈地感受到市场对于公关服务的需求,有需求就有市场,这令她萌发了创业的念头。

公司逐渐步入正轨之后,被朱艳艳称为"转折点"的客户是美国的家用电器巨头惠而浦。"外国公司对公共关系是非常重视的,而且也有请公关公司服务的习惯。当时,惠而浦进入中国市场没几年,几乎是一年换一家公关公司,但一直没有找到一家满意的。"1997年底,眼看着上一家公关公司的合约即将到期,朱艳艳的一位在惠而浦工作的朋友向老板引荐了她。

对这次早已期待的见面,朱艳艳做了充分的准备。短短的十几分钟内,她妙语连珠般的讲述恰到好处地解释了公司能为惠而浦提供的服务。老板随即拍板:"OK,就用你们吧!"

这之后就一发不可收拾了。联合利华旗下的诸多品牌,比如力士、多芬、奥妙,还有其他世界500强公司像三菱电机、通用等,都成为朱艳艳的客户,而且最令她骄傲的是,这些客户的"忠诚度"极高,至少到现在还没有放弃和她的合作。而随着经验的丰富,他们的业务也从原来简单的媒体联系,发展到策划活动、政府关系和公共事务、社区关系、危机公关、全球新闻发言人,等等。

卡耐基训练大中华负责人黑幼龙时曾经说："完整的人际关系包含三个阶段，发掘人脉、经营交情、出现贵人。"其实说起来，等待"出现贵人"的阶段，除了人缘关系处理的艺术外，更重要的还是内涵。如果朱艳艳不是一个值得帮助的人，想来那些曾经帮助她的人也不会提供这样的机会。

无论做什么，都是向别人传递信息的机会，一个懂得把握机会，同时又能善于经营人际关系的人，最后才能依靠人脉开创事业的舞台。

人与人的能力总有高低之分，而能力的大小不是一个有限值。如果利用得好，它可以无限发挥，所以，关于"能力"的"利用"也就成了一个大家永远都关心的话题。如果你够细心，你会发现，其实人脉也是延伸你能力的一大法宝。

有的人可能觉得自己天生就没什么能耐，所以只能天天劳碌奔波，挤公车上班，坐地铁回家，然后到菜市场买菜，有时为了分分角角和摊主斤斤计较。其实，他也想住豪宅、开洋车，但他觉得自己没有能力去赚取这么多的钱。天下真有笨得赚不到钱的人吗？如果有，你甘愿那个笨蛋是你吗？相信每个人都会回答"不"！

大家都看过《射雕英雄传》吧，郭靖看似呆头呆脑的，比起会耍心计、耍阴谋的杨康差远了。但是，他却成了人人佩服的大英雄。因为郭靖的师傅既有以侠义自称的江南七怪、擅长内功心法的马钰道长，又有武功盖世的洪老帮主、童心未泯的周伯通，而且身边还有聪明过人的黄蓉。这简直是天时、地利、人和都具备，不想成就一番事业都不行了。郭靖虽然脑子反应比较慢，但他深深懂得，独腿走不了千里路，要真正在江湖上闯出一条路来，立稳脚步，必须兼收并蓄，集众家之长。因此，他用心地、真诚地"学"出了自己的人际网络，并最终成为一代大侠。

其实，郭靖一点都不笨，他比谁都聪明，因为他懂得人脉的重要性，深知众人拾柴火焰高。既然能集聚众人的智慧延伸自己的能力，何乐而不为？

可是，为什么人脉能延伸你的能力呢？

首先，你可以透过人脉了解你的竞争对手，从而促进自己。

所谓知己知彼，方能百战不殆。你必须掌握竞争对手的特点、动向，了解了这些，你才会跟上别人的步伐，甚至越过他们；了解了这些，你的智谋才能得到真正的印证，你的策略才能真正地实施。

你的人脉网是了解这些信息的最佳渠道，而且大部分真实可靠。你的朋友只会帮你，而不会去帮你的竞争对手。

了解竞争对手的情况很重要，但更重要的是取长补短、保持优势，而且，一旦存在差距就应该追赶。

其次，人脉可以让你了解这个世界，进而提高你的能力。

也许你有许多次走出国门的机会，当你"身在异乡为异客"时，你会深切地感到，没有什么比身在国外一个人也不认识的感觉更空虚、更无聊了。

你独自一个人走在国外的土地上，却没有一个人可以帮助你体验这个国家真正的文化，没有一个外国朋友邀你到他们家了解一下他们的实际生活，这是非常糟糕的事。

如果你身边有许多不同肤色的朋友，那你对这个世界的存在就会充满希望。有了希望，你自然会想方设法提升自己。

我们应以安东尼的名言作为座右铭：人生中最大的财富便是人际关系，因为它能为你开启所需能力的每一道门，让你不断地成长、不断地贡献社会。

融入环境，扩大自己的"圈子"

有一位女孩叫阿莲，读高中一年级。随着青春期的到来，她慢慢地产生了摆脱父母的心理，有了自己的书房和小书桌后，每天偷偷地写日记，写完后将日记本藏在抽屉中，不让妈妈看。她希望用自己的内心去感受世界，可是，面对形形色色的现实世界、繁杂的人际关系以及沉重的学习压力，阿莲又感到一种内心的不安全。于是，她开始变得孤僻，害怕人际交往，心中产生一种莫名其妙的封闭心理。有时，她一个人跑到小河边望着静静的河水流泪，顾影自怜。她渴望与同学进行交往，羡慕其他同学快快乐乐、轻轻松松地参加集体活动，可她却又害怕主动与别人交往，还抱怨别人对她不理解、不接纳。

这种心理特征就是心理自我封闭，与外界隔绝，生活在个人的小圈子里，难以与人交往。这种情况发展到一定程度，就会形成一种疾病。

因为阿莲给自己营造了"舒适圈"，把自己锁在了安逸的窝里，因而把外界想象得过于深不可测。其实，外面的世界很精彩，若能尝试从你的"舒适圈"走出去，呼吸一下外面的新鲜空气，说不定会有意外的收获。

在一个小村庄里，由于过去曾发生过几件不愉快的事，导致村民之间相处得很不融洽，家家户户自扫门前雪，别说互相帮助了，就是见了面也熟视无睹，而且还时不时为一些芝麻绿豆大的小事争得面红耳赤，闹得整个村落鸡犬不宁。

村主任很想改善目前的窘境，不希望这股相敬如"冰"的风气继续蔓延下去，于是，他请来了一个外地人帮忙。

这个外地人自称是技艺精湛的魔术师，并通告乡里说："我有一个神奇的魔法铲，用这个铲子炒出来的菜，会是天底下最美味的一道菜。口说无凭，我可以当场试验给你们看！"

村里的人听说了这件神奇的事，开始议论纷纷，有人搬来了家里的大锅，有人搬来了家里的大炉子，有人自愿提供木材，有人点火，全村的人围着村子中央的空地，静心等待魔术师的精彩表演。

魔术师煞有介事地在锅里放了油，把青菜放入锅中，用魔法铲翻炒几下，然后带着遗憾的神情对大家说："这么一点点哪里够这么多人吃？如果可以再多一点菜，那么，大家就都可以吃得到了。"

于是，有人飞快地从家里拿了青菜出来。魔术师把青菜放入锅中翻炒，试了一口，然后兴奋地说："味道真是太好了！如果可以再加一点盐，或是一点肉丝，那就更可口了。"

大伙儿听了口水直流，盐、肉和其他的调味料很快地送到了魔术师的手上。

没多久，魔术师的锅里已经装满了佳肴。

这盘菜刚端上桌，就被大家你一口、我一口，吃得盘底朝天，村民们发现，这果真是天底下最好吃的一道菜！

虽然是一则小小的故事,但他的寓意却很深奥,各家自扫门前雪,各家吃各家的饭,天天都一样的菜,一样的调料,当然吃不出新鲜来。但如果和大家一起吃,那肯定有滋有味。

人际交往也是一个道理,一个人整天蒙在自己狭小的圈子里,如井底之蛙,当然不知道井口之外的天是多么的奇妙,但是,和大家一起分享,把你知道的和他知道的汇合,那就不只是井口大的天了。

那么,如何走出你的舒适圈,扩大自己的交际圈呢?

1. 初步建立"圈子"

有米才成炊,"圈子"要靠自己一点点聚拢才能成型。号称"台湾第一报人"的高信疆先生,在创办《人间副刊》之际,没人愿意为其投稿,只能自己"造米下锅"。但他坚持不懈,每天会写20封信,不管认识不认识,不管能否接到回信。坚持的结果是,"米多锅少",一再扩版,成就了以副刊带动整个报纸的辉煌。而他自己的"圈子"也同时扩大了规模。另外,你可以推而广之,每天发20封电子邮件,不怕陌生、不怕不熟。联系多了,顺其自然就成了你"圈"中之人了。

成功建立关系网的关键是和适当的人建立稳固的关系。很好的人际关系能提高你生活的情趣,让你了解周围所发生的一切,并提高交流的能力。

2. 扩大"圈子"

"圈子"不能一成不变,就像盖好的楼盘,要想着开发二期。在打造关系网的过程中,已经认识的人很重要,你目前的联络网是奠定你未来关系网的原料。他们都有自己的熟人,而他们所熟识的人又有自己的熟人。总是几张熟得不能再熟的脸相对，哪里还有新鲜？现在，高先生虽说已无暇每天写 20 封信，但他依然约束自己每天至少给新朋老友打 5 个电话，所以，他的"圈子"还在扩大。你的"圈中人"不可能只认识你一个，那么，不妨互相交换，带好各自的朋友，扩大联盟。这样交叉着，你的"圈子"就很容易扩张，你的获得就永远新鲜。

3. 拥有不同的"圈子"

物以类聚，人以群分，这个"分"当然有其特定的标准和规则。但当这个标准或规则太具有功利性时，"圈子"有时就会从圈住共同东西的领域变成了阻碍人迈出脚步的套子。这时，"圈子"便不知不觉变成了圈套。别让圈套套住你的最好办法，就是拥有几个不同的"圈子"。涉猎广泛一些，发挥自己不同的侧面，就很容易拥有不同的"圈子"。

成功在很大程度上取决于你拥有多大的权力和影响力，此外，与恰当的人建立稳固关系最为关键。

若不想做个平庸的人，那就走出来吧！

维护关系,危难之时有人帮

你有没有这样的体会:当你遇到某种困难,想找个朋友帮你解决时,却突然想起来,过去有许多时候本来应该去看他的,结果你没有去,现在有求于人家就去找,会不会太唐突了? 会不会遭到他的拒绝? 在这种情形之下,你免不了要后悔"平时不多联系"了。

有这样一个寓言:黄蜂与鹧鸪因为口渴得很,就找农夫要水喝,并答应付给农夫丰厚的回报。 鹧鸪向农夫许诺,它可以替葡萄树松土,让葡萄长得更好,结出更多的果实;黄蜂则表示它能替农夫看守葡萄园,一旦有人来偷,它就用毒针去刺。 农夫并不感兴趣,对黄蜂和鹧鸪说:"你们没有口渴时,怎么没想到要替我做事呢?"

这个寓言告诉我们这样一个道理:平时不注意与人方便,等到有求于人时,再提出替人出力,未免太迟了。 再铁的关系,也难抵挡长时间的冷落和疏远。

中国人讽刺临事用人的做法有一句最简练的话,就是"平时不烧香,临时抱佛脚"。 俗话说得好,"平时多烧香,急时有人帮"。 真正善于与人交往的人都有长远的眼光,早做准备,未雨绸缪。 这样,在着急时就会得到意想不到的帮助。

如果平时不烧香,只等到需要时才"临时抱佛脚",尽管你追得很紧,下的功夫很大,人家也可能会一口回绝你的请求。 因此,只有平时的关系维护好了,到需要时才会有求必应。

1. 维护关系靠平时

法国有一本《小政治家必备》的书，书中教导那些有心在仕途上有所作为的人，必须起码收集20个将来最有可能做总理的人的资料，并把它背得烂熟，然后有规律地去拜访这些人，和他们保持较好的朋友关系。这样，当这些人之中的任何一个人当上总理后，自然会为你的仕途铺开一条坦途。

现代人的生活忙忙碌碌，没有时间进行过多的应酬，日子一长，许多原本牢靠的关系就会变得松懈，朋友之间逐渐互相淡漠，这是很可惜的。所以，一定要珍惜与朋友之间的友谊，即使再忙，也别忘了沟通感情，维护人脉关系网。

很多人都有忽视"感情投资"的毛病，一旦交上某个朋友，就不再去培育和发展双方之间的感情，长此以往，两个人的关系自然就淡薄了，最后甚至变成了陌路人了。

可见，"感情投资"应该是经常性的，不可似有似无，要做到常联系、常沟通，到时才能用得着、靠得上。

朋友之间互相联系的方法有很多，如"礼尚往来""交流"等，其中最普遍、最有人情味的一种是"有空去坐坐"。

事实上，我们所做的并不多，只是有时间、有心地去朋友家走一走，也许只是随意地寒暄几句，也许进行一次长谈，总之，我们在努力加深对方对自己的印象，让彼此之间越来越熟悉，关系越来越融洽。

我们中国有许多礼节，碰上婚丧嫁娶等大事，亲戚朋友都要参加，有许多场合还得送礼，也是几千年来的传统，这是很有必要的，因为这是亲朋好友经常保持联系的一种方式。如果你常年关闭门户，既不"出去"，也不欢迎别人"进来"，那就等于孤立了自己。

遇到朋友的人生大事，如果有空，最好尽量参加，如果实在脱不开身，也要写信或托人带点什么，以表达自己的心意。

对方有困难的时候，更应加强联系。如果朋友发生了什么事，比如，生病或遇上不幸的事，应马上想办法去看看。尽管平时因工作忙，没有很多时间来往，但朋友遇到困难时要鼎力相助或打声招呼，才能显出你们之间的深厚情谊来。"患难朋友才是朋友"，关键时刻拉人一把，别人会铭记在心。

常常与朋友保持联系对你自己会有许多好处，一旦你碰上什么事情，他就直接或间接地帮助你。如果朋友之间平时没有什么联系，则需要时很难找上门去；即使找上门去，别人也不会乐意帮忙。

2. 广交朋友，主动去联络

要维护、拓展一张人际关系网，就要积极主动去联络。光有想法是不够的，必须将它化为行动。

结交朋友不仅要把握机遇，同时还要创造机遇。

如果你想和刚认识的朋友进一步发展关系，你可以请他们到你家做客，你可以花费心思寻找机会跟他多接触。人与人之间接触得越多，彼此间的距离就可能越近。这跟我们平时看东西一样，看的次数越多，越容易产生好感，就像我们在广播或电视中反复听、反复看到的广告，久而久之也会在我们心目中留下印象一样。所以，关系维护的一条重要规则就是：找机会多和别人接触。

一旦和别人建立初步联系之后，要设法进一步巩固和发展。交际中往往会有两种目的：直接目的无非就是想达到某项交易或有利于事情的解决，或想得到别人某些方面的指导。如果并不是为了解决某个问题，或者不是为了某种利益关系，只是为了和对方加深关系，增进了解，以使你们的朋友关系长期保存下来，这可以被看作是间接目的。 这种间接目的可以使你的人生更丰富，更有价值。

如果能保持在无事相求时也能轻松地相互联络的关系，才是最理想的状态。 真正可以亲密往来的朋友，越是无事相求时越能尽情地交往。 反之，遇上有事相托时，即便三言两语，彼此也能明白对方想说的话。 此时，对方必会尽己所能来帮助你。

保持联系,有事没事多联络

三国时,蜀国的创建者刘备有一段依靠同学才得以脱离险境的经历。

刘备在读私塾时,由于讲义气、聪明,因此成了同学中的头儿。在那几年中,他经常帮助其他同学,与他们的关系处得非常好。后来长大了,大家都有自己的道路要走,刘备与这些要好的同学也就各奔东西了。

但是,虽然大家分开了,但刘备却很注重经常与同学保持联系。其中,有一位叫石全的人,是刘备读书时最合得来的朋友。他不再读书后,仍回家继续供奉自己的老母亲,以尽孝道,并靠打柴、卖字画为生。刘备不嫌其清贫,经常邀请石全到他家做客,共同探讨当时的天下形势。这样的聚会每次都很成功,刘备与石全的关系也在不断地加强,情同手足。

后来,刘备为了实现自己心中宏伟的目标,就带一支队伍参加了东汉末年的大混战。初时,刘备的军事实力很小,不得不依附其他人。在一次交战中,刘备所带的军队被全部歼灭,只有他一人侥幸逃脱。因为他被石全给藏了起来,这才逃过了一劫。

与贵人之间的交往,就像银行业务中的存钱,平时一点一滴的储蓄,过几年之后就有一笔钱了。 与贵人之间的关系同样需要维护和经营,平时互相不来往,相当于不存钱;有事才想到找朋友帮忙，相当于从存折中取钱，而只取不存，存折迟早会空的。以这种方式和贵人相处，贵人资源最终会枯竭，这种情况我们肯定都不愿见到。因此，平时要多与贵人联系，感谢贵人的关心和帮助，同时也要适当地拜访贵人，主动关心贵人、帮助贵人，以互增互进、培养感情。我们承认，结交贵人有功利性目的，但并不是与贵人之间的每一次来往都要以利益来估价。与贵人之间的大部分交往都是出于感情交流的目的，其实也就是不断地为你的人脉关系添加润滑剂，以使你的人脉关系更柔韧。

对于那些已经退休的老前辈、老上司，要设法与他们多亲近，并博得他们的赏识。毫无疑问，令退休者最难过的是退休后那种门可罗雀的寂寥景象。"热庙"变成了"冷庙"，他们在心理上自然不平衡，这时，若有人肯像以前那么尊敬他，他必会为之感动不已。所以，你不妨在平时馈赠他喜欢的东西做礼物，以虔诚的态度向他请教，对于他的经验之谈也表现出乐意倾听的样子，使他有重温过去美好时光的感觉。要知道，退休者并不等于没有发言权，有时候甚至还具有意想不到的影响力。对这些"冷庙"菩萨多去烧香，可谓有百利而无一害。

另外，你在日常生活中要广织"关系网"，不要与人失去联络，不要等到有急事时才想到别人，因为"关系"就像一把剪刀，只有常常磨才不会生锈，若是半年以上不联系，你就可能已经失去这位贵人了。万一由于自己的大意而发生了这种情形，你就要赶紧设法补救，最好的方法就是学古人"负荆请罪"。若是因为时间、地点和情况有所不便，你也可以直接以电话或书信和对方取得联系，并向对方解释自己疏于联络的原因，以求得对方谅解。以后最重要的，就是要重拾交情，并继续经营下去。

为了不使好不容易才建立起来的人际关系毁于一旦，你要不厌其烦地勤打电话、写信以及登门拜访。其实，这些对你来说，都是举手之劳，在维护彼此的关系及沟通情谊的前提下，你又何乐而不为？

程海是某学院学工处的一名普通职员，他与经管系的系主任刘某关系处得非常好。而据小道消息说，经管系系主任很可能年内就会调任学工处处长一职，这样看，程海将来的日子会比较好过了。然而世事难料，年底人员调整时，刘某却被调去当图书馆馆长了。这样一来，许多原本巴结刘某的人立刻散得一干二净，让刘某见识到了什么叫人走茶凉。可就在这时，程海拿着瓶好酒上门来了，"刘主任，让嫂子做点菜，咱们喝一盅吧！"这正是刘某最难过的时候，程海的出现感动得刘某真不知道说什么好。而且从那以后，逢年过节，程海照样给刘某送点礼物，有事没事过去聊聊天，喝点酒。一年半后，该学院的院长调走了，新来的院长把刘某提拔为主管人事的副院长。不用说，程海自然也跟着时来运转，他成了新一任的学工处处长。

如果你是企业领导人，"没事常联络"所包含的对象就更是扩展了范围，在没事的时候不仅要与自己私人的朋友经常保持联络，而且要与政府、供应商、经销商等利益相关群体中的重要部门或人员联络，增进彼此的沟通。尤其要重视与政府建立良好的关系，主动与政府合作，积极与政府常来常往，勤于向政府汇报自己的构想、计划和企业的情况、困难，并经常向政府提供有关企业的信息，让政府了解企业的发展情况，通过长期来往，培养企业与政府之间的感情，慢慢地减少或消除彼此之间的矛盾与摩擦，这对企业或自己事业的成功都非常有用。 特别是当在交往中建立了良好的关系后，对企业与政府的沟通、企业问题的解决以及个人事业的成功都是很有帮助的。

很多人都有这种毛病，一旦关系好了，就不再觉得自己有责任去保护它了，往往会忽略双方关系中的一些细节问题。 例如，该通报的信息不通报，该解释的情况不解释，总认为"反正我们关系好，解释不解释无所谓"，结果日积月累，形成了难以化解的问题！

而更不好的是，人们关系亲密之后，总是对另一方要求越来越高，总以为别人对自己好是应该的，稍有不周或照顾不到，就有怨言。 由此，很容易形成恶性循环，最后损害双方的关系。

可见"感情投资"应该是经常性的，不可似有似无。 从生意场到日常交往，都应该处处留心，善待每一个关系伙伴，而且要从小处细处着眼，时时落在实处。

正如前面所言，"感情投资"也可以看作是在感情的账户上储蓄。 这样就会赢得对方的信任，那么，当你遇到困难需要帮助的时候，就可以利用这种信任。 即便你犯有什么过错，也容易得到别人的谅解；即便你没把话说清楚，有点小脾气，对方也能理解。

所以，我们强调，请求别人的支持和帮助时，应该自信、主动、坦诚大方地提出，尽管有许多有效的方法和技巧可以采用，然而最重要的是自己要乐于助人、关心他人，不断增加感情账户上的储蓄。

如果说，建立相互信任、相互帮助的人际关系有什么诀窍的话，那么，这是唯一的和可靠的诀窍。

反之，不肯增加储蓄而只想大笔支取的人是无人理会的，这样的银行账户是根本不存在的。 你毫无储蓄，到需要用钱时，也就必然无钱可用，只有欠债了。但欠债总是要还的，到头来还是要储蓄，这就是社会与人生的大海上平等互利、收支平衡的灯塔。

但是，平时与贵人联系要注意以下几点：

1. 抓住适当时机联络"关系"

大忙人虽不好找，但并不表示他们绝对无法接近。你不必浪费时间在上班时间打电话给他们，因为这些人上班时间不是在开会就是在打电话，要不就是外出办事了。要学会利用空当，"拉关系"的高手认为，傍晚六七点钟是与这些忙人接触的"黄金时刻"。此时，秘书、助理等大概都走了，只剩下一些"工作狂"还舍不得走，希望自己的"埋头苦干"能给上司留下深刻的印象。此时，正是联络这些"贵人"的最适当的时机。

2. 牢记"关系"无处不在

关系无处不在，三人行必有我师。在不经意的人事交往之中，就有可能发展出很不错的关系。

善于拓展"关系"的有心人，不论是洽谈公事时还是在私人聚会上，总是会掌握恰当的沟通时机。对这些有心人而言，人生就是一场游戏，在会议室、酒吧、餐厅，甚至在澡堂里，处处都可以"增长见识"。跟人谈上一两个小时，一定可以学到一点东西。另外，出差、旅行也是拓展"关系"、提升沟通力的好机会。

3. 及时记录"关系"的进展

记录自己关系网的发展要像写日记一样，数十年如一日。这可能不容易做到，然而，如果有恒心、有耐力，一定会成绩斐然。 如果你一直在很认真地增进自己的"关系"，那么，你认识的人一定不少。 而要巩固成果，找出真正的"人尖儿"，不妨记录下每一次联系的情形，而且在记忆犹新的时候就要赶紧记下，如果等到日后再来补记，那效果就要大打折扣了。 可记录的要点包括：姓名、地址、电话号码、你的看法以及日后的联络方法，只要简单记录即可，用不着咬文嚼字地像在写一篇动人的散文。

礼尚往来，让"礼"成为联系感情的纽带

中国人素来崇尚友情，互相送礼更是友情交流的一种方式，这种礼尚往来，已经成为中国上下五千年的一个传统。

唐朝有个封疆大臣，他派一个叫缅伯高的人去给皇帝送礼，礼物是一只天鹅。这位老兄途经沔阳时想给天鹅洗个澡，哪知一不小心让天鹅给飞跑了。送给皇帝的"贡品"弄丢了，岂不该有杀头的罪过，吓得他号啕大哭，越哭越伤心。伤心之后，却想出了首打油诗：
将鹅贡唐朝，
山高路远遥。
沔阳湖失去，
倒地哭号号。
上覆唐天子，
可饶缅伯高？
礼轻情义重，
千里送鹅毛。
据说，他后来真把鹅毛和这首打油诗送给了皇帝，皇帝不但没杀他，还拿美酒款待了这个马大哈。

世事洞明皆学问，人情练达即文章。在复杂的社会里，要求得一席之地，就必须通晓人情世故。而要懂得人情世故，首先必须知

"礼"。所以，孔子说："不学礼，无以立。"

知"礼"之后，即懂得进退之道、处世之略，能使你在人生奋斗的旅途上减少严重的伤害，有利于你在创造美好前景时得到较多的帮助，所以说，礼虽不大，用途可大。

在礼节的范畴里，送礼就是最能表现人情的方式。逢年过节送给长辈、老师、上司一份礼物，恭贺他节日愉快，对方必定欣然接纳，并会在内心称赞你的有"礼"；朋友结婚、生子，备上一份礼，并附上祝贺之词，必给对方带来无比的感动，在感念你的体贴周到之余，彼此的友谊也会因此增强。

由此可见，送礼虽然表面上是"施"，但实际上却是"受"。因为亲朋好友都接纳了你的情意，你在他们心目中已留下了"富有人情味"的印象，有人情味的人，必然受到人们的喜欢。

有一次，秦桧宴请客人，主藏吏说："蜡烛用完了，正好广东方任德送来了蜡烛，还没有敢用。"秦桧就叫他把蜡烛拿来点上。不一会儿，香气飘满房间，很是受用。仔细寻味，香气是从蜡烛中散出的。于是，秦桧赶快下令把其余的蜡烛收藏起来。数一下，还有48根。秦桧心想：怎么会是49根？这送礼不能送单数呀。于是，他把骑快马的兵卒叫来问明缘故，他回答说："方统帅特意制造这种蜡烛进献宰相，只制造了50根。造成以后，恐怕效果不佳，就试点了其中的一根，而又不敢以别的蜡烛来充数，所以是49根了。"秦桧一听，非常欢喜，认为方任德对自己很忠心，因而对他也特别宠爱。

礼物是传达感情的桥梁。任何礼物都表示送礼人特有的心意：或感谢，或祝贺，或尊重，或爱，或友情。所以，我们选择的礼物必须能够表达自己的心意，并使受礼者觉得礼物非同寻常，倍感珍贵，以达到增强情谊的目的。人情往来中，最好的礼品是那些根据对方兴趣爱好选择的、富有价值而耐人寻味的礼品。比如，我们为住院朋友送去一支康乃馨，定会使对方心情放松，增强战胜疾病的信心；为远方的同窗寄一册母校的照片，定能唤起他对学生时代的美好回忆；给爱好文学的朋友送上一套名著，必然使其欣喜若狂、爱不释手……

千里送鹅毛，礼轻情义重。在打造人脉王国的过程中，我们一定要做个有"礼"之人，人不到礼到，结交新朋友，不忘老朋友。如此，我们的人脉圈才会越来越坚固。

社交生活离不开"送礼"，它是表达感怀之意或关切之情最直接的方式。诗人黄庭坚说："鹅毛千里赠，所重以其人。"可见，礼不在大，心诚则灵。小小礼物表寸心，送给朋友的礼物更是如此。

朋友间的送礼，讲究的是礼尚往来，今天你送给我，我明天再送给你，所以，不论是怎样的礼品，应来者不拒，真心收下。他来送礼，你执意不收，岂不叫人难堪？倘若你估计到送礼者别有图谋，推辞有困难，不能硬把礼品"推"出去，可将礼品暂时收下，然后找一个适当的借口，再回送相同价值的礼品。若是实在不能收受的礼物，除婉言拒绝外，还要有诚恳的道谢。而收受那些非常礼之中的大礼，在可能影响工作大局和令你无法坚持原则的情况下，你宁可撕破脸面不收，也比你日后落个受贿嫌疑强。这叫作"君子爱礼，收之有道"。

鸿雁传情,运用书信交流感情

"千山阻隔,鸿雁传情",千百年来,信函就一直是人类交流信息和感情的一种工具。通信,是人际交往中迄今为止最古老、最实用的一种沟通方式,在日常生活里,个人与个人、个人与组织、组织与组织之间都可以利用书信来传递信息,互通情报,交流思想,表达情感。

在现代社会中,随着科技的进步,已涌现出了多种多样的新型通联方式,除了电话之外,还有图文电视、可视电话、语音信箱、电子邮件等。与它们相比,书信可谓既没有速度,又原始。尽管如此,但万万不能认为在当前的人际交往中,信函已经可有可无,甚至即将退出历史的舞台。

就目前而言,在传递信息、互通情报、交流思想、表达情感等诸方面,书信所发挥的某些特殊作用,仍是其他新兴的通联方式所难以代替的。

举例来讲,与电话、语音信箱相比,书信尽管时效性较差,但却具有可读性与珍藏性,既可以反复阅读,细心体会,又便于收藏纪念。通过书信,还可以委婉地表达一些口头上不能言语的意思,进行提醒、暗示。

与电子邮件相比,书信虽然通信速度太慢,然而费用也因此很低。更重要的是,由于它是发信人亲笔书写,所以,可使收信人"见字如面",顿生亲切之感。

对现代人来说,在人际交往中适当地巧用书信,并不意味着自己落伍、守旧。与此恰恰相反,掌握必要的通信技巧,并且在人际交往中尽可能地利用书信与他人保持联络，依旧是人人要做的必行之事。

有的人埋怨自己身边知己太少，其实，普通人只要有心，也能知友满天下。寄信问候旅途中所邂逅之人，或者写信联络远调他方的同事以及学生时代的同窗好友等，这么一来，即可不受时空限制拓展个人人际关系。总而言之，要和萍水相逢的人结缘的话，须以某种形式主动发出信息才行，这点很重要，而通信是较好的方式，比通几次电话更具有亲近感。

卡耐基建议：除了公司研究会和关键人物的介绍之外，另一种培养人际关系的方法就是书写慕名信函，当然，其间多少需要一些勇气。

包括所谓"关键人物"在内，社会上存在着许许多多成功人士、风趣之人。因此，平日无妨就从报章杂志、电视广播当中选取理想之人，伺机主动发出慕名信函。

一般而言，默默无闻的平民百姓即使写信给活跃于媒体的大众明星，那也仅是单纯的慕名信函，而非对等的互通信息。此人收到的类似信函想必为数众多，而您所寄发的也不过是其中之一。再者，对于事业忙碌的当事人来说，书写慕名信函或许是一种难以消受的思想困扰吧！

既然如此，为何还要建议各位寄发慕名信函呢？那是因为万一你的书信感动了其人之心，或万一他有来信必回的习惯。

不管怎么说，一旦不肯主动发出任何信函，就绝对无法创造双方互通信息的契机。

因此，姑且一试有必要，尤其当对方是位名人时更需试试。在这种情形之下，如果你没什么特殊之处的话，想要期待对方回信或许希望渺茫，但也不能放过任何一丝希望。

写信就要做文章,也有一定的文法可循,譬如言简意赅、意思明白、礼貌待人等。

1. 礼貌待人

写信人在写信时,要像真正面对收信人一样,以必要的礼貌,去向对方表达自己的恭敬之意。其中的一个重要做法,就是要尽量多使用谦辞与敬语。

例如,在信文前段称呼收信人时,可使用诸如"尊敬的""敬爱的"一类的称谓。对对方的问候必不可少,对对方亲友亦应以礼致意。在信文后段,还应使用规范的祝福语,等等。

2. 言简意赅

写信如同作文一样,同样讲究言语简洁明快,适可而止。在一般情况下,写信应当"有事言事,言罢即止",切勿洋洋洒洒、无休无止、空耗笔墨。

当然,应当避免为使书信简洁而矫枉过正,走另一个极端,过分地惜墨如金,而使书信通篇枯燥无味。比方说,像"爸:没钱,快寄!"这样一封某大学生写给其父的电报式家书,连起码的人情味都没有,便是简洁过头了。

3. 明白清楚

书写信函时,必须使之清晰可辨。要做到这一点,需注意以下四条:

(1)字迹应当清清楚楚,切勿潦潦草草,信手涂鸦。

(2)要选择耐折、耐磨、吸墨、不残、不破的信笺、信封,切勿不加选择,随意滥用。

（3）要选用字迹清楚的笔具与墨水。在任何时候，都不要用铅笔、圆珠笔、水彩笔写信，红色、紫色、绿色、纯蓝等有色彩的墨水也最好别用。

（4）这是至关重要的一条。在书信里叙事表意时，要层次清、条理明、有条有理，切勿天马行空、云山雾罩，令人疑惑丛生、雾里看花。

我们前面提到的都是写信，但是当你收到信的时候，也要回信，这是对人起码的尊重。

信函有来有往。我们重视写信给人，也应重视回别人的信。

回信必须及时，晚回信也就没多大意义了。对方寄信给你，希望你有所回应，但你却迟迟不回，那封信有如石沉大海。即使你后来回信了，但为时已晚。

特别需要注意的是，对于他人来信之中提及的问题，如有可能，应当热心在复信中给予答复。对于确需延后回答或不能解答的问题，在复信时要说明具体理由，或者是将延后回答所需要的大致时间及时通知于对方。不要避而不谈，或是含糊作答。

对于他人在来信之中求助于自己的问题，若能够出手相助，最好竭尽所能。由于种种原因，难于相助于人的话，亦应及时复信，并在信中声明具体处境，向对方致歉，或请求对方予以体谅。

运用电话，及时沟通感情

在日常生活里，被誉为"顺风耳"的电话早已成了现代人重要的、不可或缺的交际工具之一。即便在所有的现代联络手段中，它也不容置疑地位居排行榜之首。对于电话的好处，人们通常都心中有数。运用电话，不但可以及时、准确地向外界传递信息，而且还能够借以与交往对象沟通感情、维持友谊。在"信息就是资本""联络创造效益"的今天，人们的生活之中要是没有了电话会成为什么样子，简直难以设想。有一位科学家曾经说："一个不会正确地利用电话的人，很难说他是一个符合现代社会需要的人。至少，他算不上是一个具有现代意识的人。"就电话的重要作用而言，他的上述观点绝非恐吓我们。

正确地利用电话，并不是每一个会打电话的人都能做得到的。要正确地利用电话，不只是要熟练地掌握使用电话的技巧，更重要的，是要自觉塑造并维护自己的"电话形象"。

电话形象的含意是：人们在使用电话时的种种表现。因为它是内在的反映，所以会使通话对象"如见其人"，能够给对方以及其他在场的人留下良好的、深刻的印象。一般认为，一个人的电话形象如何，主要由他使用电话时的语言、内容、态度、举止以及时间感等诸多方面构成，人们一般把它看作个人形象的重要组成部分。

在人际交往中，我们应利用电话主动与人联系。

建立"关系"最基本的原则就是：不要与人失去联络，不要等到有事情时才想到别人。"关系"就像一把刀，只有常常磨才不会生锈。若是半年以上不联系，你就可能已经失去这位朋友了。

因此，主动联系就显得十分重要。试着每天打 5 到 10 个电话，不但能扩大自己的交际范围，还能维系旧情谊。如果一天打通 10 个电话，一个星期就有 50 个，一个月下来，就可到达 200 个。平均一下，你的人际网络每个月大概都可多十几个。

与君一席话，胜读十年书。一次有益的聊天，有时会产生相见恨晚的感觉。但是，聊天要聊出名堂、确有收获，还得费点心思。而且，必须注意下面几点：

1. 有的放矢

一般来说，聊天没有什么明确的目的。但从微观角度来讲，闲聊未必就是聊"闲"，而是有信息和情感交流。带有一定的目的，你就能及时而又恰到好处地发问，调节聊天的内容。

2. 选好对象

聊天要做到格调高雅，聊得有水平，善于选择聊友是重要的一环。一般来说，聊友的素质决定了聊天的质量。德国伟大作家歌德，几十年如一日，与其秘书爱克曼每天都要聊会儿天，那些天才的机智许多都是从闲聊话语中诞生的。他嘲弄世俗，讥讽丑恶，以喷珠吐玉般的格言缀串成了令后世惊叹不已的《歌德谈话录》。

3. 接听电话

电话铃一响，应尽快接听电话，而不要置若罔闻，或有意延误时间，让对方久等。拖延时间不仅失礼，有时还会误事。

电话铃响之际，如果自己正与同事或客人交谈，可先与同事或客人打个招呼，再去接电话。拿起听筒后，先说"您好"，接着自报家门。不要在听电话时与身边的熟人打招呼，或小声谈论别的事情。

如果在会晤重要客人或举行会议期间有人打来电话，而且此刻的确不宜与其深谈，可向其略微说明原因，表示歉意，并再约一个具体时间，到时由自己主动打电话过去。若对方是长途的话，尤须注意别让对方再打过来。约好了时间，即须牢记并信守。在下次通话时，还要再次向对方致以歉意。

4. 倾听很重要

倾听是理解对方的起点，善于倾听正是判断的基础。尤其是在电话交谈中，双方靠声音传递信息，倘若不认真听，就无法准确地交流信息、沟通感情。当然，静静地倾听、不随便打断对方讲话，并不意味着完全沉默。在听的时候，应时而辅助简单的"嗯""是""好的"等短语作为呼应，让对方感觉你确实在认真听着，以示尊重。

5. 文明不可丢

发话人的表现如何，直接决定你的电话礼仪怎样。可以说，它是电话礼仪的最基本内容之一，万不可掉以轻心。所以，这要求发话人在通话过程中，自始至终都要待人以礼，表现得文明大度，要做个谦谦君子、翩翩绅士，这样才算是尊重自己的通话对象。

发话人在通话时，除举止要"达标"外，在态度方面也要好自为之，不可草率。

对于受话人，即使是对下级，也不要厉声呵斥、态度粗蛮无理；即使是对领导，也不要低声下气、阿谀奉承。

电话若需要总机接转，勿忘对接线员问候一声，并且还要加上"谢谢"。另外，"请""麻烦""劳驾"之类的词，该用的也一定要用。

优化调整,人脉网络也要升级

在维护人脉关系网时,有一个问题值得重视,那就是关系网的调整和升级。

1. 三个月调整一次关系网

在现代社会,人际变动频繁,每天都在结识新的朋友、新的客户。随着时间推移,过去的关系圈很快就会不适应现在的需要,我们必须忍痛舍去一些老关系,以将更多的时间和精力投资于建立新关系。

一般来说,应至少每三个月变动一下你的关系网。如果你不定期更新或增加新人,你的关系网络就会陈旧。需要调节关系网的情况一般有三种:

(1)事业目标变化。你的事业目标变了,比如,过去以开发中间商为主,现在以开拓终端市场为主;或者你过去从文,现在经商,等等,这都需要你及时调节人际结构,以便为新的目标服务。

(2)生活环境的变动。本来在A地工作,现在转到B地去工作。这种环境变动,势必引起人际结构的变化。

(3)人际关系断裂。由于事业与生活目标发生冲突,或者双方关系圈扩大,不再有时间像过去那样频繁接触,种种因素,都会引起人际结构的变化。

三个月调整一次关系网,意味着我们要不断结交新的朋友。但是,首先要搞清的是,那个人是不是值得一交。此外,成为朋友取决于两个人的共同意愿,一厢情愿的关系是不真实的。我们想让一个原本不认识的人成为朋友，需要发掘双方的共同点，这是维持关系的基础。

三个月调整一次关系网，还得进行必要的分析。分析自己认识的人，列出哪些人是最重要的，哪些人是比较重要的，哪些人是次要的，这要根据自己的需要来定。由此，你自然就会明白，哪些关系需要重点维系和保护，哪些只需要保持一般联系，从而决定自己的交际策略，合理安排自己的精力和时间。

生活中一时有难，需要求助于人的事情往往涉及许多方面，你需要各方面的帮助，不可能只从某一方面获得。因此，在平时，不妨把有直接关系和间接关系的人记在一个本子上，把没有什么关系的人记在另一个本子上，把有用的留下，把无用的扔掉。这项工作，对你每三个月调整一次关系网很有好处。在人际交往中，你可能不得不卸掉一些关系网中的额外包袱，其中或许包括那些相识已久但对你的职业生涯无所裨益的人。维持对你益处不大的老关系只会意味着时间的浪费。

但是，你仍然需要建立一个良好、稳固、有力的核心关系网，它由10个左右你能靠得住的人组成。这首选的10个人可以包括你的朋友、家庭成员和那些在你职业生涯中彼此联系紧密的人。他们构成你的影响力内部圈，因为他们能让你发挥所长，而且彼此都希望对方成功。

当双方建立了稳固关系时，彼此会激发出强大能量。为什么将你的核心关系网定为10个人呢？因为强有力的关系需要你一个月至少维护1次，所以，10个人或许已经用尽了你所有的时间。

对这个核心关系网中的成员，你必须通过电话、传真、聚会、电子邮件或信件等，保持经常性的联系，以免关系疏远。比如，记下他们特别重要的日子，在他们的生日或结婚纪念日送去你的问候和祝福；当他们中有谁升职或调到新的组织去时，及时表示祝贺……同时，也让他们知道你的个人情况。比如，去度假之前，打电话问问他们有什么需要。此外，不论核心关系网中谁遇到麻烦，立即与他联系，并主动提供帮助。这是维持关系的最好方式。

2. 关系网也需要及时升级

世界上的一切事物都处于不断的运动、变化和发展之中，所以，我们的人际体系如果不随着客观事物的发展而发展，就会逐步处于落后的、陈旧的甚至僵死的状态。

因此，我们必须随时调整、升级自己的关系网，让它时刻保持有效、充满活力的状态。

小徐是一家保险公司的推销员。众所周知，保险是一个对人际关系依赖性很强的行业。人缘好、懂得推销的人根本不用花心思招徕客户，仅凭借自己的人际关系和被信任度，就经常会有很多人主动来买保险。但是，那些人缘不好的推销员就惨了，他们很难找到客户，也很难发展自己的事业。小徐属于前一种人，他在保险业内如鱼得水，工作几年之后，他已经是高级别的代理人了。

公司里新来的同事们向他请教秘诀，他笑了笑，说："其实，做保险就是与人打交道、搞好关系，所以，你要把人际网络的经营当成一项重要的工作去做。客户就是我们的贵人，对平时有联系的客户、新结识的潜在客户，都要做到心中有数。不仅如此，还要记在纸上，如果有名片，就要整理在一处，记下客户的基本情况和他的保险需求情况。然后，隔一段时间就打个电话联系一下，看看他们的生活有没有什么变化，以便根据情况推销一些新的险种。而且，你要记下客户的多种联系方式，比如固定电话、手机、住址、E-mail 等。如果其中一种方式变化，你还可以通过其他方式找到他。不断在你的本子里添加新的内容，这样就能保证你的客户源绵绵不断了。"

总的来说，小徐就是通过"升级关系网"的方式实现了与贵人之间的长久联系。

"升级关系网"是指调整自己的人际关系网，使之更加适合自己的现实生活。升级关系网必须费些心思，须有步骤地进行。

（1）对关系进行筛选

把与自己的生活范围有直接关系和间接关系的人记在一个本子上，把没有什么关系的记在另一个本子上，就像是打扑克中的"埋底牌"——把有用的留在手上，把无用的埋下去。

（2）给筛选出来的人排队

要对自己认识的人进行分析，列出哪些人是最重要的，哪些人是比较重要的，哪些人是次要的，即根据自己的需要排队。

这就像打扑克中要"理牌"一样，要明白自己手里有几张主牌、几张副牌，哪些牌最有力量，可以用来夺分保底，哪些牌只可以用来应付场面。

由此，你自然就会明白，哪些关系需要重点维系和保护，哪些只需要保持一般联系和关照，从而决定自己的交际策略，合理安排自己的精力和时间。

（3）对关系进行分类

很多时候，需要求助于人的事情会涉及很多方面。这时，你就需要很多方面的支援，不可能只从某一方面获得。

比如，有的关系可以帮助你办理有关手续，有的能够帮助你出谋划策，有的则能为你提供某种信息，虽然作用不同，但它们对你可能都是至关重要的。所以，你一定要进行分门别类，对各种关系的功能和作用进行分析、鉴别，把它们编织到自己的关系网之中去。

设计"网"也许不难,但是,要把它的内容落到实处就不那么容易了。有两点需注意:

一是要识门。也就是说,对于与自己求助的事情有重要关系的部门人员一定要清楚,要熟悉他们的工作内容和业务范围。

二是要识路。也就是说,要熟悉办事程序,对于先从哪里开始、中间有哪些环节、最后由什么部门决定都应非常清楚,省得跑来跑去,重复找人。

有了一张好的"网"后,聪明的人就会懂得如何保护和维系这张网,使它一直有效。如果你不懂得维护,到你真正用时,就会发现这个"关系网"已经停止运转了。

3. 精化你的关系网

一听到建立人际关系网,大多数的人自然而然地会联想到"扩展人际关系"。然而,是不是每个你见过的人都要交往下去呢?倘若仅仅只是互寄贺年卡或交换名片形成的人际关系,你应该抱宁可舍弃的态度。只有宁缺毋滥,才有可能建立起真正有效的人际关系。

通常,人们会认为人数越多,人际关系就越充实,然而事实恰巧相反。所谓人际关系,其实是越充实,数量越少,人际关系的充实度和实际的人数会形成反比。当然,在最初阶段必定会出现人数越来越多的时期。否则,没有一定的人数基础,人际关系是不可能充实的。然而最重要的,还是自己能否有意识地增加人数,而不是盲目地将所有认识的人统统纳入你的人际关系网络。在这段时期增加的人数,你能从名片或贺年卡的张数上明显感觉到。但是,真正的人际关系不是用名片或贺年卡的张数来计算的。所以,尽管某个时期的人数不断增加，却并非意味着人际关系进入了充实期。充其量，它只能算作通往充实期的准备阶段而已。

当名片的张数增加到一定程度时，你就必须进行整理了。此时，你应该将仍然保持联系的和已经中断联系的人际关系区分开来。也就是说，你将进入整体人际关系从量变到质变的时期。经过整理，仍然保持联络的名片张数必将减少。因此，只看到名片张数增加就高兴不已，是根本无法建立人际关系的。不过，名片不断增加的时期是绝对必要的。倘若不经历这一时期，必定无法抵达充实期。

因此，在整理名片之际，你不必因为仍然保持联络的名片张数减少而担忧。相反，这是人际关系整体充实的证据。唯有不断反复地经历名片的增加期与减少期，人际关系才能持续不断地成长。比如，当你目前的工作告一段落，展开新工作时，名片的张数也必定会随之增加，尤其当你跳槽或者更换职业时，这种情形最为明显。当新工作开始步入轨道正常运转时，人际关系又会逐渐减少。中途因工作关系参加各种活动时，名片又将再度增加。这种增减的重复，在人际关系成长过程中是十分必要的。

如果只盲目追求名片张数的不断增加，你和每一个人之间的关系必定会越来越薄弱。因为比起和熟人碰面的机会，你会更热衷于追求结实新人的机会。那么，在这种情况下，想让人际关系获得充实是极端困难的，甚至是不可能的。但是，如果你不能首先获得一定数量的名片，你就没有机会，也无法选择应和哪些人进行深入的交往。反之，一旦选择发生，人际关系的数量必定会相应减少。你没有时间，也没有那么多精力和认识的每一个人深交。无论什么，只要数量减少，质量必然增加。唯有如此，你和每一个人才能缔结出深厚的交情。

筛选虽然不容易，但仍是可以做得到的。选择本来就是一件很困难的事情，结果往往更令人痛苦。然而，有句话说得很对：有失才有得。

不论是工作还是生活，你时常会碰上一些耗尽我们所有精力的"吸血鬼"。或许是因为他们的性格内向、整天忧郁抱怨、缺乏幽默感，或者意志消沉、悲观厌世等，总之，他们是一群乘坐"灰色列车"的人。每次你一不小心入座，便会被对方弄得精疲力竭。也许，你希望凭借自己的温暖和爱心去感化他们，把他们从沉沦中唤醒，但最后的结局却往往是：他们像"吸血鬼"一样吸尽你的感情，只会在你颈上留下吸过血后的齿痕，使你疲惫不堪。更可怕的是，这种人还无处不在，办公室、专业社团与社交圈里，随时可见他们的踪迹，一不小心，也许你也会被拉下水，成为他们的同类！也许你觉得他们很可怜，舍不得就这样放弃他们，但你也要明白，你个人的力量是微弱的。在人际网络里，有许多人或组织是我们早该和他们脱离关系的，唯一可行的方法就是：找一个合适的时机脱身。

很多时候，当你要跟某人中断联系时，你根本无须多说什么。人海沉浮，当彼此共同的兴趣已不复存在时，便是分道扬镳的时候，中断联系其实是个自然而然的过程。退出某个组织有时也许只是再也不参加任何活动，你可以向负责人解释一下。总之，如何处理"脱队"事宜，应视情况而定。

你的衣柜满了，就需要清理与调整，以便腾出空间给新的衣服。同样的道理，你的人际关系网也需要经常清理。

国际知名演说家菲立普女士曾经请造型顾问帮她做造型设计。她说："整理出来的衣服总共分成三堆：一堆送给别人；一堆回收；剩下的一小堆才是留给自己的。有许多我最喜欢的衣物都在送给别人的那一堆里,我央求设计师让我留下几件心爱的毛衣和裙子。 但她摇摇头说道:'不行,这些也许是你最喜爱的衣物,但它们却不适合你现在的身份与你所选择的形象。 由于她丝毫不肯让步,我也只得眼睁睁地看着自己的大半衣物被逐出家门。 我必须学会舍弃那些已不再适合我的东西。 而'清衣柜'也渐渐地成为我工作与生活的指导原则。 不论是客户也好,朋友也好,衣服也罢,我们必须评估、再评估,懂得割舍,以便腾出空间给新的人或物。"